지옥의 실체와
하나님의 열쇠

A Divine Revelation of Satan's Deceptions

by Mary K. Baxter

Copyright © 2015 by Mary K. Baxter

Originally published in English under the title of
A Divine Revelation of Satan's Deceptions by Whitaker House

Whitaker House
1030 Hunt Valley Circle
New Kensington, PA 15068
www.whitakerhouse.com

Korean Translation Copyright © 2017 by Pure Nard
2F 16, Eonju-ro 69-gil Gangnam-gu, Seoul, Korea

The Korean edition is published by arrangement with Whitaker House.
All rights reserved.

본 저작물의 한국어판 저작권은 Whitaker House와의 독점 계약으로 '순전한 나드'가 소유합니다.
저작권자의 허락 없이 이 책의 일부 또는 전체를 무단 복제, 전재, 발췌하면 저작권법에 의해 처벌을 받습니다.

지옥의 실체와 하나님의 열쇠

초판 발행 | 2017년 1월 25일
2쇄 발행 | 2017년 2월 3일

지 은 이 | 메리 K. 백스터
옮 긴 이 | 박병우

펴 낸 이 | 허철
편   집 | 김선경, 이자영
디 자 인 | S. E. M.
인 쇄 소 | 예원프린팅

펴 낸 곳 | 도서출판 순전한 나드
등록번호 | 제2010-000128
주   소 | 서울특별시 강남구 언주로69길 16, (역삼동) 2층
도서문의 | 02) 574-6702
편 집 실 | 02) 574-9702
팩   스 | 02) 574-9704
홈페이지 | www.purenard.co.kr

ISBN 978-89-6237-198-7 03230

(CIP제어번호 : 2017000219)
이 도서의 국립중앙도서관 출판예정도서목록(CIP)은 서지정보유통지원시스템 홈페이지(http://seoji.nl.go.kr)와 국가자료공동목록시스템(http://www.nl.go.kr/kolisnet)에서 이용하실 수 있습니다.

지옥의 실체와 하나님의 열쇠

메리 캐서린 백스터 지음 ● 박병우 옮김

목 차

프롤로그: 하나님 나라의 열쇠들 _6

서문: 오늘을 위한 계시 _8

PART 1	
사탄의 속임수를 분별하라	CHAPTER 1 지옥의 실체 _16
	CHAPTER 2 각국에서 온 허다한 무리 _26
	CHAPTER 3 지옥은 당신이 가야 할 곳이 아니다 _40
	CHAPTER 4 미혹하는 권세들 _52
	CHAPTER 5 예수 그리스도의 피의 권세 _65
	CHAPTER 6 죽은 자들과 대화하시는 예수님 _73

CONTENTS

PART 2

**하나님의
열쇠와 은사를
되찾으라**

CHAPTER 7 하나님 나라의 열쇠들 _92

CHAPTER 8 투명한 우리 _109

CHAPTER 9 자신의 영광을 구하시는 하나님 _117

CHAPTER 10 일어나라 _131

CHAPTER 11 시온에서 나팔을 불라 _145

CHAPTER 12 교회를 미혹하는 사탄 _154

CHAPTER 13 깨어나라, 나의 신부여 _169

CHAPTER 14 다시 문으로 _184

CHAPTER 15 주의 길을 준비하라 _195

에필로그: 주님의 서재에 있는 말씀들 _208
사탄과 영적인 속임수와 시험에 관한 말씀들 _210
하나님의 열쇠와 은사에 관한 말씀들 _216
구원과 우리를 지키시는 예수님의 권세에 대한 말씀들 _237

프롤로그

하나님 나라의 열쇠들

또 내가 네게 이르노니 너는 베드로라 내가 이 반석 위에 내 교회를 세우리니 음부의 권세가 이기지 못하리라 내가 천국 열쇠를 네게 주리니 네가 땅에서 무엇이든지 매면 하늘에서도 매일 것이요 네가 땅에서 무엇이든지 풀면 하늘에서도 풀리리라 하시고 마 16:18-19

예수님이 나에게 말씀하셨다. "보고, 듣고, 배워라. 내가 하나님 나라의 열쇠들을 네게 주었다. 나는 네가 영으로 이 열쇠를 잡았으면 한다." 순간 내 손에는 영적 열쇠가 들려 있었다. 나는 예수님께 물었다. "이걸로 어떻게 하면 되나요?" 그분은 함께 가자고 말씀하셨다. 그 후 예수님과 나는 커다랗고 투명한 유리로 된 우리cages 앞에 서 있었다. 그 안에는 밝은 빛처럼 보이는 것들이 운행하고 있었다. 내가 물었다. "이건 무엇인가요, 주님?" 그분은 이렇게 말씀하셨다. "열쇠를 넣고 나 곧 예수 그리스도, 임마누엘, 예슈아의 이름으로 그 문을 열어라."

나는 예수 그리스도, 임마누엘, 예슈아의 이름으로 그 영적 열쇠를 자물쇠에 넣고 돌렸다. 자물쇠가 철커덕 열리더니 최고로 아름다운 임재가 흘러나왔다. 예수님은 무릎을 꿇고 말씀하셨다. "나의 영이 세상에 다시 한 번 흘러넘쳐 세상 사람들을 회개로 이끌 것이다. 그리고 수많은 사람들이 다시 한 번 내게 나아오게 될 것이다."

서문

오늘을 위한 계시

이전에 출간된 책들에서 말한 것처럼, 예수 그리스도께서는 1976년 사람의 모습으로 내게 나타나셨다. 나는 어린 자녀들로 북적거리는 가정을 돌보는 평범한 엄마이자 주부로, 온 마음으로 하나님을 사랑하고 있었다. 여러 선지자와 사도들이 하나님께서 나를 찾아오셔서 세상을 뒤흔들고도 남을 비범한 일들을 보이실 것이라고 말해 주었다. 하나님은 정말 그렇게 하셨고, 그것은 지금도 진행 중이다.

예수님이 내게 나타나셨을 때, 나는 죽은 것도, 그렇다고 꿈꾸는 것도 아니었다. 나는 정신이 온전했다. 예수님은 그분의 권능으로 삼십 일 동안 매일 밤마다 세 시간씩 영의 형태로 나를 지옥으로 데려가셨다. 나는 지옥의 실체를 목격하고, 사람들에게 하나님 아버지와 그 아들 예수 그리스도의 용서를 거절한 참혹한 결과에 대해 경고했다.

하나님은 거룩하시며, 인간도 그분의 형상을 따라 거룩하게 창조되었다. 그러나 첫 사람 아담과 하와가 하나님께 등을 돌려 불순종한 후, 모든 사람들은 죄성을 가지고 태어나게 되었다. 그러므로 하나님께 돌아가려면, 예수 그리스도의 피로 정결하게 되어야 한다. 예수 그리스도는 아기의 모습으로 이 땅에 오셔서 한 사람으로 성장하시고 우리를 위하여 십자가에 못 박혀 죽으셨다. 그분은 우리를 대신하여 형벌을 받으셨다. 그리고 하나님 아버지로 말미암아 죽은 자들 가운데 영광스럽게 부활하셨다. 우리가 해야 할 일은 그분을 믿고 죄를 회개하며 우리를 대신하신 그분의 희생을 받아들이는 것이다. 그러면 우리의 모든 잘못을 용서받고 그분 안에서 새 생명을 누릴 수 있게 된다.

하나님은 내게 지옥뿐 아니라 열흘에 걸쳐 천국도 계시해 주셨다. 그 후로 나는 전 세계를 순회하며 천국과 지옥의 실재에 대해 전하고 경고했다. 그리고 우리를 구원하시고, 그분의 부르심에 따르도록 우리를 준비시키시는 하나님의 놀라운 능력을 전파해 왔다. 그런데 최근 하나님은 앞서 말한 첫 계시, 곧 지옥에 대한 계시로 나를 다시 인도하셨다.

1976년 삼십 일간의 지옥 여행을 마치며, 예수님은 내게 이렇게 말씀하셨다. "이후에 내가 네 생각을 닫아 네가 보고 들은 것 일부를 기억하지 못하게 할 것이다. 하지만 나중에 내가 네 생각과 기억을 다시 열어 말세의 일을 깨닫게 해 줄 것이고, 너는 지옥에 관한 새로운 책을 쓰게 될 것이다. 나는 지옥을 보거나 지옥에 관해 알고 있는 또 다른 사람들도 일으켜 내가 네게 보여 준 것들의 증인으로 세울 것이다. 바로 이것을 전하는 것이 네 사명이다. 만물에는 시작과 끝이 있고, 세상 사람들이 반드시 알아야 할 것들이 많다."

　예수님은 지옥에 관한 경험들을 다시금 기억나게 해 주셨고, 이 책에는 나의 다른 책에는 언급되지 않은 지옥에 대한 묘사가 들어 있다. 내가 보고 들었던 것들을 세상에 전할 수 있게 그분이 내 생각을 열어 주셨다. 그리 유쾌한 기억은 아니기에 그리스도께서 이전의 경험을 다 기억하지 못하게 하신 것에 너무나도 감사한다. 당시에는 그것을 감당할 수 없었기 때문이다.

　이 계시는 우리가 살고 있는 오늘을 위한 것이다. 나는 이 책을 통해 그리스도께서 다시 기억나게 하신 것들을 세상에 알리고자 한다. 또한 나의 경험 중 일부는 영화로도 제작될 것이다. 나는 그렇게 제작된 영화가 지옥에 관한 진리를 더욱 선명하게 보여 주는 탁월한 도구가 되기를 바란다. 주 예수님은 내게 말씀하셨다. "이 책으로 인해 하나님의 권능이 이 나라를 흔들 것이고, 너는 내가 일으킬 대부흥의 열쇠가 될 것이다." 나의 답은 그때나 지금이나 한결같다. "아버지, 주님의 이름에 영광을 돌립니다. 살아 계신 하나님의 영이여, 뜻대로 행하소서."

　우리 인간에게는 소위 사탄 또는 마귀라 불리는 위험천만한 대적이 있다. 그렇지만 우리에게는 그보다 훨씬 더 강한 하나님이 계시다. 그분은 우리를 사탄의 속임수와 공격에서 구원하실 수 있다! 사탄은 한때 하나님의 천사장이었으나 하늘 보좌를 찬탈하고자 천상의 천사 삼분의 일을 미혹하여 그분께 반역을 일으켰다. 사탄과 그 사자들은 하늘에서 쫓겨났지만, 마귀는 지금도 하나님이 가장 높이시고 사랑하시는 인간을 미혹하려 한다. 마귀는 우리가 창조주께 반역하고 그분으로부터 멀어져서 궁극적으로 심판받고 지옥에 떨어지기를 바란다. 본래 지옥은 인간 때문에 만들어진 것이 아니다. 지옥은 마귀와 그의 타락한 사자들을 위해 마련되었다. 하지만 이제 지옥은 하나님을 거절한 모든 이들의 종착역이 되었다.

하나님은 우리가 그분의 권능으로 사탄의 덫을 대적할 수 있다는 사실을 알기 원하신다. 《지옥의 실체와 하나님의 열쇠》는 사람들을 하나님과 분리시키고 그리스도를 영접하지 못하게 만들어 결국 지옥에서 멸망시키려는 사탄의 계략을 분별하라고 외치고 있다. 이 책에는 하나님이 그분의 일을 이루시려고 그 백성에게 주신 은혜들, 곧 기름부음, 은사, 자원 등을 사탄이 어떻게 훔치고 사로잡아 갔는지에 대한 계시가 담겨 있다.

우리는 말세에 이러한 은혜들을 되찾아야 한다. 이를 위하여 우리는 하나님께 순종하고 그분을 향한 우리의 사랑을 새롭게 하며, 하나님이 우리에게 주신 특별한 '하나님 나라의 열쇠들'을 사용해야 한다. 하나님은 그분의 나라로 우리를 부르셨다. 그러므로 우리는 결국 영원한 심판에 처하게 될 수많은 사람들을 구원하고 해방시키며 치유하는 사역을 해야 한다. 이러한 열쇠들에 대해서는 이어지는 장들에서 설명

할 것이다.

더 이상 사탄에게 속고 빼앗겨서는 안 된다. 주님은 지금이 바로 귀신들이 심판받아야 할 때라고 말씀하셨다. 사탄과 어둠의 사자들은 철저히 패배할 것이다. 하나님의 권능 안에 있는 영적인 유산을 되찾기 위해 우리는 다시 일어나 싸워야 한다.

내 마음은 하나님이 교회에 전하라고 주신 새로운 계시로 충만하다. 수년간 하나님이 보여 주시고, 말씀하시고, 깨닫게 해 주신 것들로 가득하다. 나는 예수님이 계시해 주신 것들을 전하고 싶은 갈망으로 충만하다. 우리가 깨달아야 할 진리의 계시들이 있다. 하나님은 "내 백성이 지식이 없으므로 망한다"(호 4:6)고 말씀하셨다. 나는 이 책을 통해 그리스도께서 수년 전에 보이셨으나 이제야 세상에 드러내시는 것들을 최선을 다해 당신에게 전할 것이다. 예수님의 말씀을 글자 그대로 옮기지는 못하더라도, 그분의 뜻과 의도를 온전히 전달하고자 최선을 다했다.

하나님은 그리스도의 몸을 세우려고 모든 신자들에게 영적인 은사와 선물을 주셨다. 우리가 그리스도와 같은 모습으로 성장하고 준비되어 그분의 이름으로 사역하려면, 우리에게는 서로가 필요하다. 계시와 예언은 하나님이 내게 주신 특별한 영적인 은사다.

나는 하나님의 계시들을 전하는 일에 내 삶을 헌신했다. 그분의 도우심으로 나는 여러분과 나 자신은 물론 세상 모든 사람들을 위해 지속적으로 내 삶을 드릴 것이다. 우리는 진리를 깨달아야 한다. 우리의 눈에서 비늘이 벗겨지고 귀가 활짝 열려서 오늘날 하나님이 말씀하고 계시는 바를 보고 들을 수 있어야 한다. 이제 나는 지옥을 생생하고 자세하게 묘사할 것이다. 더불어 하나님이 우리에게 주신 영적인 권위에 대해서도 이야기할 것이다. 성령 안에서 여행을 떠날 준비를 하라. 이제 당신은 결코 이전과 같을 수 없을 것이다.

A Divine Revelation of Satan's Deceptions

Part 1

사탄의 속임수를 분별하라

CHAPTER 1

지옥의 실체

　예수 그리스도께서 나를 지옥으로 인도하셨을 때, 나는 영의 모습 spirit form이었고 몸은 땅에 그대로 있었다. 그러나 예수님은 사람의 모습으로 계셨다. 그분의 키는 대략 193센티미터 정도였으며, 금띠에 하얗고 긴 옷을 입으시고 샌들을 신으셨다. 머리는 어깨까지 흘러내렸고 수염은 단정하셨다. 그분의 눈은 아름다운 푸른색이었고, 영원을 응시하시는 듯했다. 그분과 관련된 것은 모두 매우 거룩하고 순결하고 존귀했으며, 그분은 영광과 성령의 열매로 충만하셨다(갈 5:22-23).

하나님이 계시지 않는 영원의 깊이

　　　　　　　　　　　　　　나는 예수님의 발을 내려다 보았다. 그분의 발에는 커다란 못 자국이 있었는데, 실제로 피가 흘러 나오는 것처럼 보였다. 그분이 내 손을 잡으셨을 때, 내가 영의 모습이 었는데도 온기를 느낄 수 있었다. 그리스도의 손에 난 못 자국에서 피가 흘러나와 내 손을 가득 채우고 땅으로 떨어졌다. 나는 큰 소리로 외쳤다. "아, 예수님! 어째서 이런 일이 주님께 일어나는 건가요?" 나는 그분을 바라보았다. 그분의 얼굴은 눈물로 젖어 있었다. 예수님은 이렇게 말씀하셨다. "이 모든 영혼들을 위하여 내가 죽었고 피를 흘렸지만, 이들은 너무 늦었구나. 그러나 네가 쓰는 이 책으로 인해(이 책은 영화로도 만들어질 것이다) 사람들은 영원의 깊이와 나를 상실한 존재의 깊이를 보고 깨닫게 될 것이다. 세상은 하나님이 계시지 않는 영원(지옥)에 관한 진리를 깨달아야 한다. 수많은 사람들이 고통과 아픔을 겪으며 살아가고 있다. 내가 그들을 향해 돌아오라고 외쳤지만, 그들은 계속 그렇게 살고 있다. 이것은 세상을 향해 회개하고 주 예수 그리스도께 돌아오라고 경고하는 소리이다."

> 그러므로 너희가 회개하고 돌이켜 너희 죄 없이 함을 받으라 이같이 하면 새롭게 되는 날이 주 앞으로부터 이를 것이요 행 3:19

내가 알았더라면

예수님과 함께 지옥을 여행하는 동안, 나는 슬픔과 근심과 눈물의 나날을 보냈다. 나는 고통받고 있는 수많은 영혼들을 보았다. 그들은 해골처럼 보였는데, 팔다리가 없거나 다른 신체 일부가 없는 것들도 있었다. 그들 모두 갈비뼈 안쪽으로 더러운 안개 같은 것이 보였는데, 바로 그들의 영혼이었다.

나는 예수님과 함께 언덕으로 올라가며 주변을 살펴보았다. 우리는 먼지가 자욱하고 바위로 뒤덮인 더러운 길에 서 있었다. 그 길을 따라 걷자 귀신들이 예수님을 피해 달아났는데, 이는 예수님이 빛을 발하고 계셨기 때문이다. 귀신들은 "우리가 당신과 무슨 상관이 있습니까?"(마 8:29; 막 1:24; 눅 4:34) 하고 소리 지르면서 멀리 도망갔다.

우리는 한참을 걸었다. 심한 악취가 나고 도처에서 불꽃이 타오르고 있었다. 산과 동굴은 어둠의 그림자로 덮여 있었다. 영혼들이 "꺼내 줘! 제발 꺼내 달란 말이야. 이제는 소망이 없는 건가? 여기에는 생명이 없어. 그렇지만 죽을 수도 없어. 살려 줘. 제발 살려 줘!" 하며 아우성치고 있었다.

나는 산마루 부근에서 큰 불꽃이 일어나는 것을 보았다. 그 아래쪽으로 죽은 자들의 뼈가 가득한 골짜기가 있었는데, 수많은 해골들이 불에 타며 비명을 지르고 있었다. "죽여 줘! 제발 죽게 해 달라고!" 그들을 지나칠 때, 허다한 무리가 큰 소리로 외쳤다. "왜 아무도 우리에게 경고하지 않았지? 이렇게 끔찍한 곳이 있다고 왜 말해 주지 않은 거야? 알았더라면 주님을 택하고, 그렇게 악하게 살지는 않았을 거야!" 그리스도께서는 눈물을 흘리고 계셨다. 내 안에 예수님을 향한 안타까움과 깊은 연민이 일어났다.

    땅은 온통 연기와 암흑으로 덮여 있었고, 도처에 악의 형체를 한 어둠이 깔려 있었다. 그러나 예수님이 빛을 발하고 계셨기 때문에 잠시 어둠은 자취를 감추었다. 그분은 커다란 바위에 걸터앉아 큰 불이 활활 타오르고 있는 골짜기를 내려다보셨다. 나는 두려움에 몸서리치며 예수님 곁에 앉아 있었다. 제법 멀리 떨어진 산 위에 있었지만, 후회와 슬픔과 근심에 찬 비명을 들으며 나는 지쳐 갔다.

    예수님과 함께 앉아 나는 골짜기를 내려다보았다. 약 8백 미터 아래쪽으로 녹황색 안개가 불에 섞여 피어오르고 있었다. 그리스도께서는 울고 계셨고, 그분의 발에서는 피가 흘러나오고 있었다. 나는 그 피를 닦아 드리고 싶었다. '수천수만의 사람들이 이미 여기 있는데, 이보다 더 많은 사람들이 또 오고 있다. 나는 어떻게 해야 할까? 주님, 어떻게 해야 할까요?' 내 생각을 아셨는지, 주님은 나를 품으로 끌어당기셨다.

    그 후 예수님은 나를 바라보시며 내 이름을 부르셨다. "캐서린, 이 모든 것이 보이느냐?" 그분이 손을 한 번 흔드시자 연기와 안개가 걷히고 수많은 해골들이 불에 타며 아우성치는 모습이 보였다. 나는 그 광경을 생생하게 지켜볼 수 있었다. "죽여 줘! 제발 죽여 달란 말이야. 죽을 수도 없어. 죽고 싶지만, 죽을 수가 없어!" 나는 그들을 바라보며 "예수님, 저들을 내보내 주세요. 제발 저들에게 살과 **뼈**를 주셔서 다시 새롭게 해 주세요!" 하고 간청했다. 예수님은 말씀하셨다. "너무 늦었다. 이것은 그들의 육신이 저지른 죄를 내 아버지께서 심판하시는 것이다. 나는 사탄의 일을 멸하러 왔고(요일 3:8), 사람들은 사탄이 어떻게 속이는지 깨닫게 되었다. 그들은 세상에서 악한 일들을 저지르고 있다. 저주하고, 거짓말하고, 미워하고, 용서하지 않고, 간음하고, 음행하고, 주술과 사술을 행하고 있다. 사탄이 사람들을 속이고 있는 것이다. 하나님께는 그런 것들에 관한 규율과 법과 규칙이 있고, 회개가 바로 그 열쇠다. 너는 사람들에게 회개하고 내게 용서를 구하라고 전해라. 그러면 내가 그들의 마음에 들어가 그 영혼들을 구원할 것이다. 내가 반드시 그렇게 할 것이다."

> 네가 만일 네 입으로 예수를 주로 시인하며 또 하나님께서 그를 죽은 자 가운데서 살리신 것을 네 마음에 믿으면 구원을 받으리라 사람이 마음으로 믿어 의에 이르고 입으로 시인하여 구원에 이르느니라
>
> 롬 10:9-10

나는 예수님의 얼굴을 보았다. 그분의 얼굴은 매우 단호하면서도 몹시 슬퍼 보였다. 나는 그분의 가슴에 기대어 울었다. 그러나 영의 모습으로 있었던 까닭에 눈물은 나오지 않았다. 불현듯 집에 있는 아이들과 가족들이 떠올랐다. 나는 주님을 바라보며 말했다. "예수님, 제가 어떻게 할까요? 저는 엄마예요. 아이들이 있어요. 우리 아이들이 여기 오

지 않게 해 주세요. 그 아이들이 여기 오지 않을 거라고 말씀해 주세요." 나는 그분의 눈을 올려다보았다. 예수님은 이렇게 말씀하셨다. "앞으로 더 큰 공포와 슬픔이 있을 것이다. 하지만 네가 이것을 통과할 수 있게 내가 힘을 줄 것이다. 이것을 뚫고 나아갈 수 있도록 기름 부어 줄 것이다. 그 힘과 기름부음 때문에 수많은 사람들이 내게 나아오게 될 것이다."

예수님은 깊은 긍휼과 큰 사랑으로 내게 말씀하셨다. "나는 이 지옥의 고통의 깊이와 정도를 네게 보여 주고 있다. 땅에 있는 나의 지도자들이 사람들에게 거짓말을 하고 있다. 물론 많은 이들이 진리를 말하고 있지만, 어떤 지도자들은 지옥이 존재하지 않으니 마음대로 살라고 가르치고 있다. 그들은 하나님은 선하시기에 어느 누구도 영원히 심판하지 않으신다고 말한다. 내 아버지는 의의 재판장이시며 거룩한 재판장이시다. 성경은 회개와 진리의 지식에 이른 후 육체의 죄를 범하지 말라고 말씀한다(히 10:26). 나의 말은 세세토록 무궁하다. 이들은 너무 늦었다. 하지만 나는 네가 그들의 말에 귀 기울였으면 한다."

일어나 주를 찾으라

주님의 발을 다시 내려다보니, 못 자국에서 피가 흐르고 있었다. 나는 예수님에 대한 성경 말씀을 생각하기 시작했다. 성경에 기록된 대로, 예수님은 우리 모두를 위하여 고난을 받으셨다. 그러므로 하나님의 아들이신 그분이 영원한 저주에서 우리를 구원하시기 위해 이 땅에 오셔서 십자가에서 죽으셨다는 사실을 믿고 우리의 죄를 회개한 후 하나님을 위해 살면, 그 피가 우리를 깨끗하게 하신다. 그리고 우리는 지옥에 갈 필요가 없다.

나는 거대한 해골 무더기 끝자락의 꽤 높은 곳에서 다시 불꽃이 치솟는 모습을 보았다. 해골들은 불에 타면서 비명을 지르고 이를 갈았다. 해골들마다 썩은 살점 같은 것이 자라나면, 불꽃이 그것을 살랐다. 그리고 뼈가 마르면 벌레가 기어 나왔다. 그 순간 나는 주님을 필요로 하는 수많은 사람들의 얼굴이 떠올랐다.

나는 시뻘건 눈에 석탄처럼 피부가 까만 귀신들을 보았다. 머리에는 뿔이 달려 있었는데, 그 뿔에서 불이 나왔다. 날개에는 구더기가 들끓었다. 말로 할 수 없는 악취가 났는데, 시체 썩는 냄새 같기도 하고, 시궁창 냄새나 분뇨 냄새, 기름 타는 냄새 같기도 했다.

우리는 다시 걷기 시작했다. 그리스도께서 걸음을 내딛으실 때마다 바닥에 핏자국이 묻어났다. 나는 외치듯이 물었다. "예수님, 우리는 어디로 가는 건가요?" 그분은 "네게 보여 줄 게 있다. 그 후 집으로 돌아갔다가 내일 밤에 다시 이곳으로 돌아오자." 하고 말씀하셨다. 나는 "제가 그렇게 할 수 있을지 모르겠어요." 하고 답했다. 그러자 예수님은 "그렇게 할 수 있게 내가 네게 힘과 용기를 주겠다"고 말씀하셨다. 나는 예수님의 손을 꼭 잡았다. 흐르던 피는 멎어 있었고, 그분의 발 역시 말라 있었다. 우리는 계속 걸었다. 눈물은 흐르지 않았지만 나는 하염없이 울고 또 울었다. 나는 고통스러운 마음으로 세상을 생각했다. '너무나 많은 조작과 죄와 악, 그리고 죽음이 있다. 세상이 내 말을 들을까? 행악하며 하나님을 거절한 이들이 들어가게 될 하나님이 계시지 않는 영원이 있다는 사실을 사람들이 이해나 할까? 세상에는 많은 이론들과 거짓이 난무하고 있다. 너무 많은 설교자들이 한 가지만 말하거나 진리 아닌 것을 사람들에게 가르치고 있다. 깨어나라, 깨어라! 하나님의 남종과 여종들아, 만날 만한 때에 주님을 찾아라!'

> 너희는 여호와를 만날 만한 때에 찾으라 가까이 계실 때에 그를 부르라 악인은 그 길을, 불의한 자는 그의 생각을 버리고 여호와께로 돌아오라 그리하면 그가 긍휼히 여기시리라 우리 하나님께로 돌아오라 그가 너그럽게 용서하시리라 사 55:6-7

예수님 안에 소망이 있다

나는 하나님의 사랑과 예수 그리스도 안에 있는 소망을 생각하기 시작했다. 정상에서 나는 몸을 돌려 주님의 눈을 올려다보았다. 그분이 내게 말씀하셨다. "내 안에 소망이 있고 구원이 있다. 내게 돌아오라고 사람들에게 경종을 울려라. 소망이 필요한 곳에 내가 다시 오중사역(엡 4:11-12)을 일으키려 한다고 전해라. 내가 그들의 닻이라는 것과 나 곧 주 예수 그리스도 안에 그들의 신뢰와 소망을 두어야 한다는 것을 그들에게 알려 주어라."

오늘날 우리가 살아가고 있는 세계는 위기에 처해 있다. 이는 이미 우리가 잘 알고 있는 바이다. 그러나 우리가 주 예수 그리스도께 돌아오면 소망은 있다. 그분은 우리가 그분을 바라보기 원하신다. 그분은 우리를 치유하기 원하신다. 그분은 악을 멈추고 전쟁을 종식시키고 싶어 하신다. 그분은 우리가 그분과 함께 영원토록 살기를 바라신다. 우리와 우리 자녀 그리고 우리 후손들의 소망이 예수 그리스도 안에 있다. 마음과 뜻과 정성과 힘을 다해 그분께 돌아오라(마 22:37; 눅 10:27). 예수님이 당신을 이기게 해 주실 것이다.

> 우리 주 예수 그리스도의 아버지 하나님을 찬송하리로다 그의 많으신 긍휼대로 예수 그리스도를 죽은 자 가운데서 부활하게 하심으로 말미암아 우리를 거듭나게 하사 산 소망이 있게 하시며 썩지 않고 더럽지 않고 쇠하지 아니하는 유업을 잇게 하시나니 곧 너희를 위하여 하늘에 간직하신 것이라 너희는 말세에 나타내기로 예비하신 구원을 얻기 위하여 믿음으로 말미암아 하나님의 능력으로 보호하심을 받았느니라 벧전 1:3-5

A Divine Revelation of Satan's Deceptions ━━━━━ 사탄의 속임수

분별하기

사탄은 죽기까지는 시간이 아직 많이 남아 있으니 예수 그리스도를 영접하고 하나님을 섬기는 일은 천천히 해도 괜찮다고 우리를 속이고 있다. 그 덫에 걸려들지 말라. 만일 당신이 예수님을 알지 못하거나 하나님을 떠난 상태라면, 지금 당장 아래와 같이 기도드리고 자신을 하나님께 드린 후, 그분을 사랑하고 섬기라. 당신은 지금 바로 하나님께 돌아올 수 있다. 함께 기도하자.

하늘에 계신 아버지,

저는 아버지를 믿습니다. 그리고 저의 죄를 위해 이 땅에 오사 십자가에서 돌아가신 아버지의 아들 예수 그리스도를 믿습니다. 저는 아버지가 그 아들을 죽은 자 가운데서 일으키신 것과 그분이 영원히 살아 계신 것을 믿습니다. 그분을 믿는 자는 누구든지 영생을 얻는다는 것도 믿습니다. 예수님께서 저를 위해 행하신 일들에 의지하여, 저의 모든 죄를 용서해 주시고 제 마음에 들어오셔서 제 영혼을 구원해 주실 것을 아버지께 구합니다. 저를 아버지의 성령으로 충만하게 해 주시고, 오늘부터 아버지를 위해 살게 해 주십시오. 저를 구원하시고 새 생명을 주셔서 감사합니다. 예수님의 이름으로 기도합니다. 아멘.

CHAPTER

각국에서 온 **허다한 무리**

다음 날 밤, 예수님이 말씀하신 대로 나는 다시 그분과 함께 지옥으로 갔다. 그분은 이렇게 말씀하셨다. "가자. 내가 지옥의 입구에 있는 것을 네게 보여 주겠다. 지옥에는 몸통이 있다. 지옥의 불과 고통 그리고 하나님의 심판에는 차등이 있다는 것을 기억해라. 큰 백보좌 심판때, 사망과 지옥은 여기서 끌려나와 은하계에 설 것이다. 여기 있는 자들은 기록된 책에 따라 심판받을 것이다. 그들은 자신의 죄를 회개하지 않았다. 그래서 그들의 죄는 내 피로 씻기지 않았다. 내 딸아, 그들은 그 이름이 생명책에 없기 때문에 불못에 던져지게 될 것이다"(계 20:11-15).

갑자기 우리는 다른 영역으로 들어갔고, 발 밑에서 땅이 움직이는 것

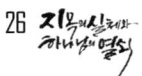

이 느껴졌다. 계속 걸으며 예수님이 말씀하셨다. "하나님은 남자와 여자의 영혼을 만드시고 영원히 살게 하셨다. 이것은 죄에 대한 내 아버지의 심판이다. 그들의 심판은 정해진 것이다." 예수님은 이어서 다시 한 번 말씀하셨다. "그들은 하나님의 큰 백보좌 심판 때까지 여기 있다가 나중에 불못에 들어가게 될 것이다." 온몸에서 힘이 빠졌다. 예수님이 말씀하셨다. "캐서린, 나는 길이요 진리요 생명이다"(요 14:6). 죽은 자들의 울부짖음은 점점 더 커져 갔다. 나는 그들이 오랫동안 거기 있었다는 것을 알게 되었다. 지난 수년간 그들은 슬픔과 근심과 고통과 눈물로 이를 갈며 불에 타고 있었지만, 재가 되어 사라지지는 않았다.

예수님은 내 생각을 아시고 이렇게 말씀하셨다. "캐서린, 사람이 한쪽 눈이 먼 채로 지옥에 오면, 그는 지옥에서도 눈먼 상태로 있게 된다. 암에 걸린 채 지옥에 오면, 암이 열 배는 더 지독해진다. 고통이 더욱 심해지는 것이다. 불이 그 위를 지나고, 벌레가 그 속으로 기어 다닌다. 그들은 하나님의 영원한 심판의 맹렬한 불을 느끼게 된다. 캐서린, 내 아버지는 사람들이 여기 오지 않게 하려고 나를 보내셨다. 그러나 세상 사람들은 나를 욕하고 조롱했다. 그들은 내가 가짜라고 말했다. 나의 거룩한 말씀에 관하여 온갖 거짓말을 지어 내며 그렇게 했다. 하지만 아버지께는 계획이 있다. 그분은 너를 향한 계획을 가지고 계신다. 그것은 어머니요 가정주부인 네가 지옥의 끔찍한 현실들을 직접 목격하고 기록하여 책으로 내는 것이다. 이것이 네게 위임된 명령이고 소명이다. 내가 너를 향하여 얼마나 많은 일을 계획하고 있는지 앞으로 더 분명히 깨닫게 될 것이다."

지옥에 있는 동안, 나는 귀신들이 알코올 중독자였던 자들에게 산이 든 병을 준다는 사실도 알게 되었다. 그들이 그것을 마실 때마다 산이 그들을 태웠고, 그들은 비명을 질러 댔다. 사람을 죽인 이들은 귀신들에게 연거푸 찔렸지만, 죽지는 않았다. 어린아이들을 강간한 이들은 귀신들에게 뼈가 뜯겨 나갔다(시 50:22). 세상아, 깨어나라! 깨어라! 회개하지 않으면 지옥이 너의 운명이다(눅 12:40-48; 마 24장). 주 하나님께서 부디 이 세상에 자비를 베푸시기를 바란다.

그들은 듣지 않으리라

우리는 계속 걸었다. 나는 달리고 싶었고 울고 싶었다. 나는 그들을 불에서 꺼내 살로 덮어 주고 싶었지만, 그럴 수 없었다. 내게는 아무 힘도 없었다. 지옥은 너무 처참했다. 내가 아는 사람은 누구라도 그곳에서 만나고 싶지 않았다. 나는 예수님을 믿지 않고 죽은 많은 이들을 알고 있었다. 죽은 자들은 비명을 지르며 말했다. "죽여 주세요. 우리가 하나님을 거역하고 죄를 지었습니다. 예수님! 지금이라도 우리를 용서해 주세요."

죽은 자들의 울부짖음이 점점 더 심해지자, 나는 큰 소리로 외쳤다. "아 하나님! 주님은 아무것도 하실 수 없나요?" 각국의 허다하고 허다한 무리들이 말하는 소리도 들려왔다. 하지만 귀신들이 올라와서 뭔가로 그들을 찌르며 "닥쳐! 여기서는 사탄이 왕이야!" 하고 말했다. 그리고 영혼들 위로 더 많은 불을 쏟아부었다.

해골들 일부는 구덩이에, 몇몇은 동굴에, 또 몇몇은 바위 뒤쪽에 있었다. 또 다른 해골들은 불에 절여지듯 커다란 불통 안에서 오르락내리락하고 있었다. 통에는 "멸망의 가증한 것들"이라고 적혀 있었다. 나는 물었다. "맙소사, 지옥의 입에 있는 저건 뭔가요?" 예수님이 말씀하셨다. "그들은 나의 말씀을 전했던 자들이지만, 거짓말을 했다. 그들은 왜곡된 영을 나의 말씀에 섞어 내가 가짜 하나님처럼 보이게 만들었지. 내 딸아, 나는 그들을 사랑했지만, 그들은 내 말을 듣지 않았다. 그러면서 많은 이들을 지옥으로 보냈다. 지옥을 지나오며 네가 본 이들이 바로 그들이다. 그래서 내 아버지가 그들을 심판하시는 것이다. 아버지는 거룩하신 하나님, 의로우신 하나님, 신실하신 하나님이다. 캐서린, 그분은 모든 것을 알고 계신다."

> 한 번 죽는 것은 사람에게 정해진 것이요 그 후에는 심판이 있으리니
> 히 9:27

죽음이 도처에 있으나 지옥에서는 아무도 죽지 않는다. 그들은 계속 타고 또 타고 또 타기만 한다. 그들은 견딜 수 없는 고통으로 울부짖고 소리친다. 지옥에는 평안이 없다. 잠도 자지 못하고 의식을 잃지도 못한다.

나는 하늘에 계신 내 아버지께서 죄에 대해 심판하신다는 것을 알고 있었다. 예수님의 발을 내려다보니, 피가 흐르고 있었다. 그러나 그분이 걸으시자 피가 갑자기 사라졌다. 나는 세상에 있을 때 얼마나 자주 그분의 보혈, 곧 하나님의 언약을 간구했는지 떠올렸다. 나는 나와 내 가족 그리고 다른 이들의 치유와 보호를 간구하며 기도했다. 나는 예수님을 바라보며 말했다. "주님, 예수님이 우리의 언약이십니다. 우리는 언약궤(거룩한 하나님의 말씀)를 되찾아야 해요. 예수님은 영원한 저주에서 우리를 구원하시려고 오셨어요."

주님은 이렇게 말씀하셨다. "캐서린, 나는 앞으로 지옥을 본 다른 많은 사람들을 일으킬 것이다. 이미 많은 이들이 일어났고, 그들이 내가 네게 보여 준 것들을 증거해 줄 것이다. 내 딸아, 이것이 영화로 만들어지는 날이 올 것이다. 내가 그 영화에 크게 기름을 부어 사람들이 듣게 만들겠다. 너를 비롯한 다른 많은 이들이 지옥에 관해 쓰고 말하는 것만으로도 큰 고초를 치르고 있다. 사탄은 사람들이 진리에 귀 기울이지 않기를 바란다. 사탄은 악하고 왜곡된 방식, 더러운 방식으로 사람들이 '즐기며' 살기를 바란다. 그러나 내 아버지는 이렇게 말씀하셨다. '내가 거룩하니 너희도 거룩하라'(레 11:44-45). 사람들이 죄를 지으면, 그들에게 회개하라고 말해 주어라. 이제는 그들에게도 나 곧 중재자가 있기 때문이다. 내가 그들을 위하여 아버지께 힘쓸 것이다. 그들이 정말로 나를 찾는다면, 나는 그들을 용서할 것이다. 캐서린, 내가 이 모든 것들을 네게 보여 주는 이유는 너와 네 가족뿐 아니라 엄청나게 많은 사람들이 구원받도록 하려는 것이다."

나는 하나님이 말씀으로 세상을 창조하신 것(시 33:6)을 믿지 않는 많은 가족들과 친구들, 사람들이 생각났다. 그들은 하나님이 우리를 위해 행하신 모든 것을 하나도 인정하지 않았다. 지옥은 마귀와 그 사자들 때문에 만들어졌다(마 25:41). 하지만 지옥은 하나님의 말씀에 귀 기울이지 않고, 회개하지도 않는 잃어버린 영혼들을 수용하기 위해 커지고 있다(사 5:14).

> 나의 자녀들아 내가 이것을 너희에게 씀은 너희로 죄를 범하지 않게 하려 함이라 만일 누가 죄를 범하여도 아버지 앞에서 우리에게 대언자가 있으니 곧 의로우신 예수 그리스도시라 그는 우리 죄를 위한 화목제물이니 우리만 위할 뿐 아니요 온 세상의 죄를 위하심이라 요일 2:1-2

나는 해골이 불타고 있는 모습을 보며 마음이 너무 아팠다. 그들도 한때는 육체와 머리카락과 장기를 가지고 있었고 빛나는 햇살과 신선한 공기 등 아름다운 것들을 누리며 멋진 인생을 살았을 것이다. 하지만 그들이 죄 가운데서 죽어 그 영혼이 빠져나오자, 귀신들이 그들을 이 아래로 데려왔고, 이제 그들은 사는 동안 저지른 죄의 형벌을 받고 있다. 내가 예수님을 바라보자 그분은 이렇게 말씀하셨다. "캐서린, 네가 보고 있는 이 사람들, 불에 타며 비명을 지르고 울고 있는 이 사람들은 모두 너무 늦었단다. 그들은 내 말을 듣지 않았다. 그들은 나와 내 아버지의 계명보다 세상의 정욕을 원했지. 나는 네가 지나치게 염려하거나 걱정하지 않았으면 좋겠다. 내게는 엄청난 힘이 있다. 딸아, 내게는 하늘과 땅과 그 사이의 모든 권세가 있단다(마 28:18). 내가 이 증거를 네게 주는 것은 세상에 그것을 전하여 사람들이 여기 오지 않게 하려는 것이다. 세상이 죄를 회개하고 하나님을 바라보면, 그분은 그들에게 귀를 기울이실 것이다.

지옥은 큰 백보좌 심판이 있을 큰 날, 곧 지옥에 있던 모든 이들의 책이 하나님의 보좌 앞에서 펼쳐질 때까지 붙잡아 두는 곳이다. 그들의 책은 내 피로 씻긴 적이 없다. 나를 사랑하고 하나님의 계명을 지키려고 최선을 다한 이들은 심판을 면할 것이다. 내 딸아, 그런 사람들은 내 피로 씻겨 정결하게 되었고 영원한 저주에서 구원받았단다. 내 계명은 '내가 너희를 사랑한 것처럼 너희가 서로 사랑하는 것'이다(요 13:34; 15:12). 캐서린, 잃어버린 이들을 구원할 수 있게 나를 좀 도와주겠니? 여기에 무엇이 있는지 사람들에게 전해 다오. 내가 너에게 진리와 주를 경외하는 마음으로 기름을 부어 줄 것이다. 또 내게로 돌아오는 이들을 내가 지킬 것이다. 그들이 자기 죄를 회개하고 내게 용서를 구하며 전심으로 영혼을 구원받고자 하면, 내가 그렇게 해 줄 것이다. 나는 복음을 전할 많은 젊은이들을 일으킬 것이다."

그러므로 이제 그리스도 예수 안에 있는 자에게는 결코 정죄함이 없나니 이는 그리스도 예수 안에 있는 생명의 성령의 법이 죄와 사망의 법

에서 너를 해방하였음이라 **롬 8:1-2**

아버지, 자비를 베푸소서

예수님이 말씀하셨다. "이곳은 너무나 끔찍하고 슬픈 곳이다. 너무나 뜨겁고 악하며 마귀가 들끓는 곳이다." 불이 타오르고 있었고, 뱀들이 사방을 기어 다녔다. 5백 그램 정도 되는 작은 쥐에서부터 크게는 삼십 킬로그램은 족히 나가 보이는 쥐들이 영혼을 갉아먹고 있었다. 슬픔과 두려움과 한숨이 가득했고, 곳곳에 증오가 서려 있었다. 죽은 자들의 울부짖음이 도처에서 새어 나왔다. 여러 나라에서 온 남녀들의 비명 소리였다. 하나님을 모독하는 영혼들도 있었고, 울부짖으며 더 이상 소망이 없는 것인지 묻는 영혼들도 있었다. 이곳의 영혼들은 모두 한때 죄의 쾌락에 빠졌던 자들이다. 다른 이들에게 상처 주는 것을 즐거워하던 이들도 있었다. 그러나 이제 그들은 지옥에 있다.

우리는 또 다른 바위에 이르러 거기에 걸터앉았다. 나는 몹시 피곤했다. 하지만 우리 가족들이 잠들어 있는 침대 주변을 하나님의 천사들이 지키고 있다는 사실에 감사했다. 나는 전능하신 하나님이 나를 돌보신다는 것을 안다. 그분은 나와 내 가족을 지켜 주실 것이다.

나는 생각과 감정을 총 가동하고 있었기 때문에 실제로 무슨 일이 벌어지고 있는지, 내가 보고 있는 것이 무엇인지 명확히 알고 있었다.

내 곁에 계신 분이 예수 그리스도라는 것도 알았다. 전능하신 하나님이 이 계시를 내게 보이셔서 숨겨져 보이지 않던 것의 실체를 모든 사람들에게 깨닫게 하시려는 것도 알고 있었다.

나는 마귀에게 화가 나기 시작했다. 예수님과 함께 지옥으로 들어갔을 때, 나는 불에 그을린 땅과 수천수만의 해골들이 불 가운데서 소리 지르는 모습을 보았다. 나는 거짓말하는 이들이 갇힌 구역, 학대를 일삼던 남녀가 갇힌 구역, 음란물에 빠진 이들이 갇힌 구역, 변태적인 죄와 더러운 성행위를 한 이들이 갇힌 구역 등 지옥의 여러 구역들을 돌아보았다. 그 영혼들은 불 가운데서 비명을 지르며 자신들의 몸을 사르고 있는 불에서 빠져나오려고 발버둥 쳤지만, 그럴 수가 없었다.

예수님이 해골에서 살이 돋아나는 모습을 보여 주실 때면, 잠깐 동안 세상에 살고 있는 인간처럼 보이다가도, 순식간에 살이 뜨거운 용암처럼 흘러내렸고, 벌레들이 그 뼈를 갉아먹으며 엄청난 고통을 주었다. 그들은 비명을 지르며 말했다. "살려 줘! 누구 없어? 어째서 아무도 내게 경고해 주지 않은 거지?" 예수님이 말씀하셨다. "캐서린, 내 백성에게 성경을 읽으라고 전해 다오. 또 찬양에 귀 기울이고 좋은 교회를 찾아 가라고 전해 다오."

내가 그분을 부르자, 예수님이 말씀하셨다. "이리 와서 앉아라." 그분은 흰옷에 샌들을 신으셨고 허리에 금띠를 두르고 계셨다. 예수님은 손을 모으고 기도하기 시작하셨다. "아버지, 아버지, 자비를 베푸소서.

자비를 베푸소서." 그분이 기도에 힘쓰시자, 지옥이 흔들렸다. 말씀이 그분의 영혼 깊은 데서 흘러나왔다. 영혼이 영원하다는 것을 그분은 알고 계셨다. 세상의 수많은 거짓말쟁이들이 당신에게 영혼 따위는 없다고 말할 것이다. 하지만 그렇지 않다. 분명히 당신에게는 영혼이 있다.

나는 예수님의 외침을 들을 수 있었다. 그분의 외침에 지옥이 갑자기 흔들리기 시작하더니 불이 꺼졌고 구덩이에 빠진 일부 영혼들이 옆으로 쓰러졌다. 해골 중에는 고통이 잠깐 멎은 이들도 있었다. 예수님의 얼굴은 눈물로 젖어 있었다. 그분의 사랑은 너무나 강하다. 그분의 행위는 사랑에서 비롯되었고, 그분은 내게 보여 주고 계신 모든 것으로 인해 무척 비통해하셨다.

예수님이 말씀하셨다. "와서 앉아라." 나는 온몸에서 힘이 빠졌고 너무 무서웠다. '하나님, 제가 주님을 떠나서 죽었더라면, 어떻게 됐을까요? 제가 죄 중에 있었더라면, 주님이 저를 구원해 주지 않으셨다면 어떻게 됐을까요? 저는 자동차 사고로 죽을 뻔한 적이 있어요. 의사가 제 비장을 제거했고, 저는 여러 날 동안 병원에 누워 있었죠. 하나님, 저도 이 사람들과 함께 여기 있을 뻔했어요. 주님의 자비에 감사드려요. 주님의 은혜에 감사드려요.' 나는 너무 두려웠다.

예수님은 내게 "평안하고 잠잠하라"고 말씀하셨다. 그분은 해골들과 대화하실 때도 똑같이 말씀하셨다. 이것에 대해서는 뒷장에서 다시 살펴보겠다. 그분은 해골들 중 하나에게 다가가서 여기서 무엇을 하고 있으며 이름이 뭐냐고 물으셨다. 해골들은 땅에서 행한 일들을 그분께 고하며, 자신의 가족이 지옥에 오지 않기를 바란다고 말했다. 그분은 "평안하고 잠잠하라." 하고 말씀하셨다. 그러자 귀신들이 달아나며 소리쳤다. "여기서는 그렇게 말씀하지 마세요!"

예수님이 내게 "평안하고 잠잠하라"고 말씀하시자, 순식간에 평강이 나를 덮었다. 그분이 말씀하셨다. "내가 네 걸음을 인도할 것이다. 너는 이것들을 기록하고 전하게 될 것이다. 내 딸아, 너는 지옥과 천국에 대한 책을 쓰게 될 것이다."

얼마 후 나는 다시 두려워졌다. 먼 길을 이동한 우리는 자리에 앉았다. 너무 피곤했지만 잠들 수 없었다. 배가 고팠지만 먹을 수 없었다. 목이 말랐지만 물이 없었다. 슬펐지만 울 수도 없었다. 내 유일한 소망은 예수님 안에, 그분 곁에 있는 것이었다. 예수님은 아주 가까이 계셨다. 그분은 내 손을 잡으며 말씀하셨다. "내가 너를 이끌고 있다. 네게 상처 주고 너를 판단하는 자들에게 화가 있을 것이다. 나는 너를 사랑하는 주이다. 네가 나를 위하여 생명까지도 내놓은 것을 세상이 알았으면 한다. 너는 모욕과 조롱과 비웃음을 당할 것이다. 하지만 상관하지 마라. 사탄은 패할 것이고, 사탄의 나라도 무너질 것이다. 딸아, 내가 사탄에게서 사망과 지옥의 열쇠를 빼앗았단다(계 1:18). 사탄에 관하여 알려 주지 못한 비밀과 계시가 아직 많다. 그러나 지금은 내게로 와라. 작은 자야, 내게로 오너라." 그분은 나를 그분의 품으로 이끄셨고, 나는 평안해졌다.

그게 만약 당신이라면

그 후 나는 또다시 죽은 자들의 울부짖음을 들었는데, 그들은 모든 것으로 하나님을 저주하기 시작했다. 정말 끔찍했다. 아래를 내려다보니 거대한 불덩어리가 원을 그리며 공중으로 치솟고 있었다. 하나님은 모든 것을 창조하셨다. 그분은 저 불 속에서 타며 죽기를 부르짖어 구하지만 죽을 수 없는 이들의 영혼을 창조하셨다. 그게 만약 당신이라면 어떨지 상상해 보라. 지옥에 던져져서 다시는 잠도 못 자고, 먹지도 못하고, 기도도 못하고, 다시는 악을 행하지도 못하게 된다. 당신은 그냥 타고 또 타면서 기억만 할 뿐이다.

그렇다. 죽은 자들은 땅에서의 삶을 기억한다. 부자와 거지 나사로의 비유에서 부자는 자기가 지옥에 있다는 것을 알고 있었다. 하나님의 은혜가 아니라면 그것이 당신이나 나일 수도 있다. 그분은 당신을 구원하기 원하신다. 당신에게는 진정 영혼이 있다. 그래서 내가 당신에게 마음을 쏟아붓고 있는 것이다. 당신이 지옥에 관한 진리에 귀를 기울여 듣게 하려는 것이다. 하나님께 나아오라. 예수님 안에서 당신을 용서하시는 그분의 뜻을 지금 바로 받아들여라.

> 한 부자가 있어 자색 옷과 고운 베옷을 입고 날마다 호화롭게 즐기더라 그런데 나사로라 이름하는 한 거지가 헌데 투성이로 그의 대문 앞에 버려진 채 그 부자의 상에서 떨어지는 것으로 배불리려 하매 심지어 개들이 와서 그 헌데를 핥더라 이에 그 거지가 죽어 천사들에게 받

들려 아브라함의 품에 들어가고 부자도 죽어 장사되매 그가 음부에서 고통 중에 눈을 들어 멀리 아브라함과 그의 품에 있는 나사로를 보고 불러 이르되 아버지 아브라함이여 나를 긍휼히 여기사 나사로를 보내어 그 손가락 끝에 물을 찍어 내 혀를 서늘하게 하소서 내가 이 불꽃 가운데서 괴로워하나이다 아브라함이 이르되 얘 너는 살았을 때 좋은 것을 받았고 나사로는 고난을 받았으니 이것을 기억하라 이제 그는 여기서 위로를 받고 너는 괴로움을 받느니라 그뿐 아니라 너희와 우리 사이에 큰 구렁텅이가 놓여 있어 여기서 너희에게 건너가고자 하되 갈 수 없고 거기서 우리에게 건너올 수도 없게 하였느니라 이르되 그러면 아버지여 구하노니 나사로를 내 아버지의 집에 보내소서 내 형제 다섯이 있으니 그들에게 증언하게 하여 그들로 이 고통받는 곳에 오지 않게 하소서 아브라함이 이르되 그들에게 모세와 선지자들이 있으니 그들에게 들을지니라 이르되 그렇지 아니하니이다 아버지 아브라함이여 만일 죽은 자에게서 그들에게 가는 자가 있으면 회개하리이다 이르되 모세와 선지자들에게 듣지 아니하면 비록 죽은 자 가운데서 살아나는 자가 있을지라도 권함을 받지 아니하리라 하였다 하시니라 눅 16:19-31

사탄은 다음과 같이 생각하도록 우리를 속인다. '하나님은 없다. 그리고 우리에게는 하나님이 필요 없다. 우리는 결과를 걱정하지 않고 죄의 쾌락을 즐길 수 있다.' 그러나 이 덫에 걸려들지 말라. 로마서 14장 12절은 말씀한다. "이러므로 우리 각 사람이 자기 일을 하나님께 직고하리라." 지금 하나님께 당신의 삶에 대해 무엇이라고 고백하겠는가?

CHAPTER

지옥은 당신이 가야 할 곳이 아니다

나는 예수님과 함께 지옥의 산마루 길을 걷고 있었는데, 가끔 열풍이 불어오는 것이 느껴졌다. 지옥에는 몹시 춥거나 대단히 뜨거운 곳들이 있는 듯했다. 바람이 불어와 불꽃을 더 뜨겁게 일으켰다.

선지자의 책임

나는 앞으로의 인생과 가족과 친구들 그리고 영원에 대해 생각하고 있었다. '하나님의 아들 예수 그리스도께서 하늘과 땅과 그 사이에 존재하는 모든 것에 대한 권세를 갖고 계신다. 그리스

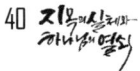

도께서 내게 보여 주고 계신 것들에는 막중한 책임이 요구된다.' 분명 아버지가 내게 명령하신 것에는 큰 책임이 따른다. 하나님은 예수님을 보내셔서 나를 땅의 깊은 곳으로 데려가셨다. 지옥에서 죽은 자들 사이를 걷는 동안 나는 엄청난 실체에 눈을 뜨게 되었다. 나는 내가 본 것을 기록한 후, 출판사를 찾아 책을 완성해야 한다는 책임감을 느꼈다. 그러면 세상은 지옥이 실제로 존재한다는 것과 하나님이 예수 그리스도를 통해 우리를 용서하신다는 것을 알게 될 것이다.

내가 그러한 책임에 대해 생각하고 있을 때, 예수님이 "캐서린." 하고 내 이름을 부르셨다. 나는 대답했다. "네, 주님." 그분은 이렇게 말씀하셨다. "지난 수년 동안 나는 많은 이들을 이곳에 데려와서 내가 네게 보여 준 것들을 확증해 주었다. 나는 또 다른 이들도 데려올 것이다. 내 딸아, 아버지가 행하시는 대로 나도 행한단다."

나는 왕을 바라보았다. 그분은 머리에 왕관을 쓰시고 한 손에는 홀을 잡고 계셨다. 그분이 나의 왕이시니 나는 그분께 복종해야 한다. 그분은 한 번도 내게 이 일이 쉬울 것이라고 약속하신 적이 없다. 하나님이 어떤 위대한 일에 당신을 택하여 부르실 때, 진실로 당신은 그 대가를 지불해야 한다. 삶 가운데 많은 것들을 경험하면서 그러한 소명을 위해 준비되고 성취하는 경우도 있다. 아울러 당신은 믿음의 동지들의 기도와 격려 등을 의지할 수 있겠지만, 궁극적으로는 사람보다 하나님의 지혜와 조언을 구해야 한다.

예수께서 나아와 말씀하여 이르시되 하늘과 땅의 모든 권세를 내게 주셨으니 그러므로 너희는 가서 모든 민족을 제자로 삼아 아버지와 아들과 성령의 이름으로 세례를 베풀고 내가 너희에게 분부한 모든 것을 가르쳐 지키게 하라 볼지어다 내가 세상 끝날까지 너희와 항상 함께 있으리라 하시니라 마 28:18-20

산 자들의 왕

나는 예수님께 내 생각과 마음과 영을 활짝 열었다. 그리고 다시 그분을 올려다보았다. 그분은 더 이상 왕관을 쓰시지도, 홀을 들고 계시지도 않았다. 예수님이 말씀하셨다. "캐서린, 나는 죽은 자들의 왕이 되고 싶지 않다. 나는 산 자들의 왕이 되기를 원한다. 너는 이 책임을 통해 많은 생명을 이끌 것이다. 내가 약속한다. 이 일에 해를 끼치거나 고의로 그것을 빼앗으려는 자들에게는 주의 심판이 속히 임할 것이다. 물론 모르고 그런 일을 행하는 자들은 다르게 심판받을 것이다. 이제 오너라. 가자. 하나님의 언약이 너와 네 가정을 위하여 견고히 서 있다. 딸아, 너와 네 가정 모두를 내게로 이끌 것이다. 내가 약속한다."

우리는 시커먼 그을음과 타 버린 바위가 흉물스러운 산자락을 걷기 시작했다. 문득 커다란 짐승이 으르렁거리는 듯한 소리가 들려왔다. 처음에는 그 소리의 정체를 알지 못해 나는 주님의 손을 꼭 잡았다. 왕과 함께 계속 걷는 동안 나는 힘을 얻었다.

그때 많은 빛이 예수님과 내 주변에 나타났다. 죽음의 울부짖음과 남녀의 비명이 사방에서 들려왔다. 그중에는 "자비를 베푸소서. 제발 죽여 주세요!" 하고 외치는 자들도 있었고, 하나님을 모독하며 왜 아무도 경고해 주지 않았느냐고 따지는 사람도 있었다. 그들은 깊은 회한의 울부짖음을 토해 냈다. 다시금 나는 책임감을 느꼈다.

나는 또다시 으르렁거리는 소리를 들었는데, 사자의 얼굴에 뱀의 몸통을 가진 커다랗고 흉측하게 생긴 귀신이 내 앞에 서 있었다. 그것에게는 뾰족한 발톱과 불이 가득한 긴 꼬리가 있었으며, 팔이 많고 머리도 여러 개였다. 나는 "예수님, 저건 대체 뭔가요?" 하고 물었다. 예수님이 그 귀신에게 말씀하셨다. "비켜서라. 내가 전능하신 하나님의 이름으로 네게 명한다." 그러자 그 귀신은 땅바닥에 꼬꾸라지더니 작은 벌레로 변해 버렸다. 그리스도께서 그것을 밟고 서시자, 불과 피가 그분의 발에서 나와 그 귀신을 멸했다. 내가 주님을 바라보자, 그분도 나를 보시며 말씀하셨다. "내가 너의 왕이다. 나는 많은 것들을 멸할 수 있다. 지금이 바로 이 땅과 은하계의 귀신들이 멸망할 심판의 때란다."

나는 물었다. "주님, 그게 숨겨졌던 또 다른 계시인가요?" 그러자 그분이 말씀하셨다. "그렇다. 캐서린, 나는 내 거룩한 이름 곧, 예수 그리스도, 임마누엘, 예슈아의 이름으로 그 계시에 대한 교훈과 지혜와 지식을 풀어 놓기 시작할 것이다. 이는 내 이름으로 위대한 일들이 일어나기 때문이다."

그분은 이어서 말씀하셨다. "나는 네가 하루는 나를 사랑하다가 다음 날은 나를 사랑하지 않는 식의 두 마음을 품지 않았으면 한다. 나는 네 마음을 알고 있다. 그것은 내가 네 마음을 만들었기 때문이다. 그 모든 갈등 속에서도 나는 너와 함께한단다. 자, 이제 앞을 보아라." 우리는 계속 걸었다. 왕은 더는 아무 말씀도 하지 않으셨다. 모든 것이 고요했고 심지어 죽은 자들의 소리까지도 잠잠했다. 우리는 죽은 자들에게서 멀리 떨어져 있었기 때문에 그들의 소리를 거의 들을 수 없었다.

네 마음을 다하고 목숨을 다하고 뜻을 다하고 힘을 다하여 주 너의 하나님을 사랑하라 하신 것이요 막 12:30

사탄의 보좌

"앞에 있는 게 무엇인가요, 예수님?" 나는 예수님께 물으며 그분의 손을 잡아당겼다. 그분은 이렇게 대답하셨다. "캐서린, 사탄은 대단히 악한 존재란다. 하지만 사탄의 날들은 정해져 있지. 이곳은 사탄이 죽인 많은 이들의 피가 폭포처럼 쏟아지는 곳이다. 사탄이 타락한 천사라는 것과 하나님께 속한 은밀한 것을 많이 알고 있다는 사실을 기억해라. 사탄이 피의 언약에 대해, 내가 세상을 위하여 생명을 주었다는 사실을 알고 있다는 것을 잊지 마라. 그가 저지른 악한 일들을 네게 보여 주겠다. 그것들을 보고 기록하고 전할 수 있게 네게 힘을 주겠다. 네가 쓰게 될 책으로 많은 이들이 지옥에 대하여 더 많은 지혜와 지식을 얻게 될 것이다."

나는 나의 왕과 함께 어둠의 산마루에 서 있었다. 내가 어둠 속을 들여다보고 있을 때, 예수님이 그분의 손을 드셨다. 그분은 다시 홀을 잡고 계셨다. 불꽃이 튀더니 어둠이 물러가고 환해졌다. 그분은 이렇게 말씀하셨다. "캐서린, 나는 이 아래서 다른 홀을 사용하고 있단다. 이것은 계시의 홀이다. 이제 다음에 보게 될 것을 네가 전하고 책으로 쓰면 수많은 이들의 눈이 열리게 될 것이다. 나의 천사들이 우리와 함께 있구나."

내 앞에 그랜드 캐니언보다 크고 거대한 구멍이 있었다. 그 구멍을 통해 내가 본 것들은 매우 선명하고 상세했다. 다른 구역에는 많은 귀신들과 해골들이 있었다. 그러나 그곳에는 심한 악취를 풍기는 커다란 피의 강이 흐르고 있었다. 강폭이 1.6킬로미터 정도는 돼 보였다. 피의 강은 맞은편 산마루에서 흘러내리다가 동굴 같은 곳으로 들어가더니 마침내 다른 여러 강들과 합류했다. 예수님은 이 강이 사탄이 만든 환각이며, 세상에 임한 죽음과 멸망을 상징한다고 말씀해 주셨다. 피의 강은 선명하게 눈에 보이다가 사라지곤 했다. 피의 폭포는 최소 세 개의 작은 폭포(개천)가 합쳐진 것으로, 각각은 죽은 사람들의 영적 상태와 관련이 있었다.

주님이 말씀하셨다. "내 딸아, 이것은 나를 믿지 않고 죽은 수많은 이들의 피요, 사탄이 죽인 무고한 사람들의 피란다." 피의 강을 본 후,

나는 어째서 지옥에 종종 피가 흐르고 있었는지 깨닫게 되었다.

예수님이 말씀하셨다. "저쪽을 보거라." 눈을 들어 보니, 황금 벽으로 둘러싸인 방이 하나 보였는데, 그것은 어떤 왕의 소유인 듯했다. 그 방의 정면은 활짝 열려 있었다. 폭이 800미터 정도는 되어 보였고, 황금으로 칠해진 천장에는 샹들리에가 걸려 있었다. 모든 것이 눈부시게 아름다웠다.

그 후 나는 어떤 보좌를 보았는데, 거기에는 사탄이 앉아 있었다! 사탄은 피가 흐르고 있는 강을 바라보고 있었다. 그 강은 폭포와 같았다. 아니 폭포보다도 피로 가득한 그야말로 사방이 피 천지였다. 사탄은 그것을 보며 웃고 있었다.

보좌 양쪽에는 거대한 귀신들이 서 있었는데, 그중 하나가 두루마리를 들고 있었다. 그것은 키가 약 4미터 정도였고, 머리가 세 개에 몸통은 털로 뒤덮여 있었으며, 여섯 개의 팔다리를 가지고 있었다. 얼핏 보기에도 900킬로그램 이상은 나갈 것 같았다. 그것은 두루마리를 펼치며 마귀 앞에서 이렇게 말했다. "왕이시여! 우리가 하나님을 무찔러 이길 것입니다. 영혼을 잃어버린 자들이 많아지고 있습니다."

마귀 역시 몸집이 거대했는데, 커다란 얼굴에 거대한 뿔들이 달려 있었다. 머리 일부가 뭉개져 있었지만, 그 생김새는 꼭 사람 같았다. 가슴판은 약 1.2미터 정도였고, 팔은 근육으로 울퉁불퉁했으며, 다리도 근육이 발달해 있었다. 발에는 물갈퀴가 있었고, 발톱은 뾰족했다. 그의 몸통은 때로 벌겋게 변했다가 갈색으로 변하곤 했다.

그가 자리에 앉자 말쑥하게 차려입은 잘생긴 남자로 바뀌었다. 사탄이 자리에서 일어나며 이렇게 말했다. "나는 하늘에 있었기 때문에 은밀한 것들을 많이 알고 있다. 여자를 이용해서 남자를 유혹하고 육체의 정욕을 일으켜 그들을 파멸시키는 방법을 알고 있지. 사람들을 미혹하는 내 목소리는 아직 건재하다. 하지만 때가 되어 나의 악한 힘이 다하면, 이렇게 많은 사람을 다시는 미혹할 수 없게 된다. 그래서 내가 너희 귀신들에게 이런 것들을 알려 주는 것이다."

나는 그 구멍으로 보고 있는 것이 환상의 일부일 것이라 생각했다. 그러자 예수님이 말씀하셨다. "캐서린, 이건 환상이 아니라 실제란다." 그분은 내 생각을 알고 계셨다.

전능하신 하나님이 사탄보다 크시다

수많은 귀신들이 골짜기 한곳에 운집해 있었다. 사탄은 그들을 돌아보며 이렇게 말했다. "너희들이 해야 할 일은 내가 가진 힘과 용기와 권세가 선지자들과 사도들과 사람들에게 발각되지 않게 하는 것이다. 나는 하나님의 심판을 받아 언젠가는 불못에 던져질 것이다. 하지만 내게는 하늘에서 배운 지혜와 사람에 대해 알게 된 지식들이 있다. 내가 수많은 사람들을 미혹하여 지옥으로 보낼 수 있었던 것은 사람들이 하나님의 명령보다 육체의 정욕을 더 갈망했기 때문이다. 따라서 이 피의 폭포는 내 지혜의 결실인 셈

이지." 나는 부들부들 떨며 "하나님, 어떻게 이럴 수가 있죠?" 하고 말했다. 예수님은 나에게 계속 들어 보라고 말씀하셨다.

내가 다시 보고 들으려 하자, 사탄도 보좌로 돌아가 앉으며 본래 모습으로 바뀌었다. 사탄은 낄낄대고 웃으며 이렇게 말했다. "내게는 원하면 언제든지 모습을 바꿀 수 있는 능력이 있다. 나는 세상에서 일하고 있는 일부 귀신들에게도 같은 능력을 주었지. 나에게는 악한 계획들이 많다. 나는 수많은 사람들을 미혹하여 그들이 예수 그리스도를 따르지 못하게 할 것이다."

우리는 사탄과 어둠의 나라에 맞서 싸우고 있다. 그러므로 우리는 하나님을 찾고 기도하며, 잃어버린 자들을 구원하기 위해 마귀에 굳건히 맞서야 한다.

…사탄도 자기를 광명의 천사로 가장하나니 고후 11:14

다른 귀신이 또 다른 두루마리를 들고 나타났다. 그 두루마리에는 '사탄의 악행들'이라 쓰여 있었다. 나는 말로 표현할 수 없는 일들, 땅을 뒤흔드는 엄청난 일들에 대해 들었다. 하지만 예수님이 내게 말씀하셨다. "사탄이 말한 대로 되지는 않을 것이다. 나 곧 주 예수 그리스도의 이름으로 사탄이 말하고 기록한 모든 것들을 꾸짖는다. 캐서린, 아버지와 성령과 내가 그런 일이 일어나지 않게 할 것이다."

그리스도께서 나를 부르시며 계속 말씀하셨다. "이제 지옥의 다른 곳으로 가 보자. 거기서 우리는 사탄이 영혼들에게 말할 수 없이 참혹한 짓을 자행하는 모습을 보게 될 것이다. 그곳의 영혼들은 한때 나의 복음을 전했던 자들이다. 하지만 그들은 사탄의 미혹과 유혹을 받아 결국 나를 떠나 죽게 되었단다. 나는 그런 영혼들을 죽기 직전까지도 아꼈다. 나는 나의 선지자들과 사도들과 설교자들과 복음 전도자들과 또 내가 택한 모든 자들이 나의 말에 귀 기울이기 원한다. 진실로 내가 너희들을 불렀다. 그러니 너희 마음과 생각과 영혼을 정결하게 해라. 내게 나아와 진실을 말해라. 내가 너희를 이해하고, 용서하고, 깨끗하게 하겠다. 내일이 있을 것이라고 생각하지 마라. 너희에게 내일이 없을 수도 있다." 나는 머리를 숙이고 나의 부족함에 대해 생각했다. 회개해야 할 것들을 떠올리며 '아, 하나님. 하나님, 어쩌다가 우리가…' 하며 속으로 탄식했다.

하지만 예수님은 내 생각이 끝나기도 전에 이렇게 말씀하셨다. "너는 어린 양의 피와 네가 증언하는 말씀으로 이길 것이다. 나는 내 백성이 내게 귀 기울이기만 하면, 그들 모두를 이기게 할 수 있다. 사탄이 모든 것을 알고 있는 것은 아니다. 사탄은 자신이 모든 것을 알고 있다고 착각하고 있지만, 사실은 그렇지 않단다. 내 아버지는 더 크고 위대한 분이다. 그분께는 사탄의 생각보다 더 큰 계획이 있다. 아버지는 한순간에 사탄의 지식을 지워 버리실 수도 있다. 캐서린, 결국 아버지는 그렇게 하실 것이다. 사람에게는 의지가 있고, 하나님은 사람이 의지적으로 그분께 나아오기를 바라신다. 그러나 사탄은 사람이 그 의지로 자신을 섬기기를 바라는데, 이것이 바로 영적 전쟁이다. 하지만 전능하신 하나님이 더 크시다. 그분이 사탄도 창조하셨다는 것을 기억해라. 너나 다른 누구도 이해하지 못할 많은 신비와 지식이 있다. 그런 종류의 신비와 지식이 너희들에게 허락되지 않았기 때문에 깨닫지 못할 뿐이다. 그러나 내가 말한다. '위를 보고 위를 보아라, 나의 자녀야. 그리고 나를 신뢰해라.'" 그 후 우리는 지옥을 떠나 집으로 돌아왔다.

> 또 우리 형제들이 어린 양의 피와 자기들이 증언하는 말씀으로써 그를 이겼으니 그들은 죽기까지 자기들의 생명을 아끼지 아니하였도다
>
> 계 12:11

■사탄의 속임수

분별하기

사탄은 어떤 식으로 '광명의 천사'로 위장하는가? 어떤 식으로 악을 선처럼 보이게 만들어 사람들을 혼란에 빠뜨리는가? 혹시 당신의 삶 가운데 대부분의 사람들은 문제없다고 여기지만, 하나님의 말씀이나 당신을 향한 그분의 계획에 배치되는 것들이 있는가? 그러한 덫에 빠지지 말라. 모든 죄를 회개하고 하나님과 화해하라. 당신은 하나님의 은혜로 구원받았다. 그리고 하나님은 당신이 돌아오는 것을 환영하신다.

하나님께 돌아온 후, 죄성이나 육체의 정욕에 더는 굴복하지 않겠다고 결심하라. 그리고 그러한 정욕을 다루는 법을 배우라. 예수님은 우리에게 자기를 부인하고 자기 십자가를 지고 그분을 따르라고 말씀하셨다(막 8:34). 그러한 정욕에 굴복하고 있다면, 즉시 회개하고 하나님과 친밀한 관계를 유지하라.

CHAPTER 4

미혹하는 권세들

마귀의 속임수와 파멸

예수님은 이렇게 말씀하셨다. "캐서린, 우리는 이제 지옥의 다른 곳으로 갈 것이다. 그곳은 너무나 끔찍한 곳이다. 나는 사탄이 정욕으로 세상 사람들을 어떻게 속이고 있는지 보여 줄 것이다. 미혹하는 권세들이 수많은 이들을 파괴적인 정욕과 변태적이고 마귀적인 행동으로 이끌고 있다. 귀신의 권세가 수많은 이들을 자살로 몰고 있다. 캐서린, 하나님은 그렇게 죽어 가는 영혼들을 너무나도 불쌍히 여기신단다.

하나님의 권능이 운행할 시기와 때가 있다. 너에게는 나의 권능과 기름부음이 필요하다. 그리고 다른 많은 이들도 하나님의 언약궤(거룩하신 하나님의 말씀, 우리와 그분의 언약)를 되찾으려면 나의 권능과 기름부음이 필요하다. 사탄은 온 세상을 두루 다니며 방송이나 영화에 수많은 사술, 주술, 마귀적인 활동들을 풀어 놓고 있다. 그러나 나의 말씀은 사탄의 그러한 파괴적인 지배와 권세를 이기고 사람들을 건져 낼 수 있다.

마귀의 권세가 사람들을 사로잡고 조종하여 무고하고 순진한 어린 아이들이 강간당하고, 매 맞고, 살해당하고 있는 것이다. 이와 같은 일들 때문에 내 아버지가 너무나도 비통해하신다. 지옥에는 결코 아기나 어린아이들이 존재하지 않는다. 내 아버지는 자비로우시다. 그분은 아기나 어린아이들이 죽으면 바로 천국으로 데려가신다. 그리고 그들에게 새 몸을 입혀 주신다. 천국에는 그 아이들로 인하여 큰 기쁨이 있다. 그들은 천국의 학교에서 배우게 된다. 그중 일부는 천국에서 자라고, 엄마, 아빠가 천국에 올 때까지 그 상태로 있다가 영광의 문 앞에서 그들을 만난 후, 그들과 함께 천국에서 자라는 아이들도 있다.

하늘 아버지께는 정말로 많은 것들이 있다. 하늘에는 황금 길도 있고 신체 부위가 저장된 방도 있다. 특히 신체 부위는 사탄으로 인해 불구가 된 사람들을 위하여 세상에 부어질 준비를 하고 있다. 하나님은 이 세상에 기적을 쏟아부으시려고 준비하고 계신다. 그분은 성도가 당하고 있는 모든 고통을 보고 계신다. 하나님은 너희가 다니엘과 비슷한 시대를 살고 있는 것으로 여기신다. 이 시대의 수많은 성도들이 원수 때문에 고통받고 있다. 하나님은 그들이 어떻게 기도하며 수고하는

지 보고 계신다. 그들의 엄청난 슬픔도 다 알고 계신다. 캐서린, 주께서 능력의 천사들을 보내 너와 다른 많은 성도들이 그분을 알고 순종하도록 도우실 것이다."

나는 말했다. "주님, 그것이 제가 가장 바라는 일입니다." 예수님은 우리가 병든 자를 고치고 죽은 자를 일으키며, 성령으로 많은 사람들을 하나님께 인도하기 원하신다.

모든 천사들은 섬기는 영으로서 구원받을 상속자들을 위하여 섬기라고 보내심이 아니냐 히 1:14

마귀적 피조물들

예수님을 보면서 나는 그분께 엄청난 긍휼이 있다는 것을 알게 되었다. 그분은 와서 앉으라고 말씀하셨다. 우리는 그 땅에서도 상당히 어두운 지역으로 들어갔다. 뱀들이 쉭쉭거리는 소리가 들려왔다. 키가 약 3.6미터, 6미터 정도 되는 귀신들도 있었다. 그들은 머리가 세 개, 팔이 열 개, 발이 열 개였고, 생김새가 몹시 흉측했으며, 날개에서는 벌레들이 기어 나오고 있었다. 그들이 사방에 깔려 있었다.

내가 물었다. "사랑하는 하나님, 이것들은 뭔가요?" 예수님은 내가 보고 있는 것이 마귀적 존재의 환영과 사람들을 공격하는 실제 귀신들의 혼합체라고 말씀해 주셨다. 에베소서에는 이런 귀신들을 "정사와 권세와 어두움의 세상 주관자들과 하늘에 있는 악의 영들"(엡 6:12, 개역한글)이라고 묘사한다. 악한 정사와 권세와 세상 주관자와 악의 영들은 사탄과 협력하여 사람들을 속이고, 예수님의 이름의 권세를 알지 못하는 이들에게 엄청난 해를 끼치고 있다. 귀신들은 그리스도인들이 죄성에 굴복하게 부추겨서 그들을 파괴하려고 한다. 육체의 소욕에 굴복할 때마다 우리는 귀신들이 영향력을 행사하고 공격할 수 있게 문을 열어 주는 것이다. 그러나 우리에게는 예수님의 이름의 권세가 있기에 그분의 보혈로 어둠의 힘들에 대항하며 그들의 악한 목적을 중단시킬 수 있다. 우리가 가진 육체의 소욕에 날마다 죽고 "하나님의 전신갑주"(엡 6:10-18)를 부지런히 입으면, 우리는 예수님의 피로 보호받는다.

예수님은 이렇게 말씀하셨다. "너에게는 이런 마귀적 존재들을 향하여 나의 피를 선포할 수 있는 권세가 있다. 마귀들은 정해진 기간 동안만 세상에 존재할 수 있다. 내가 이미 말한 것처럼, 아버지는 어린아이들이 죽고 강간당하는 것을 비통해하신다. 지옥의 귀신들이 사람들 속에 들어가서 그들을 사로잡아 그런 끔찍한 일들이 일어나게 하고 있다. 하지만 모든 일은 하나님의 손에 달렸단다. 사람들은 하나님이 말씀하시는 것이 사실이라는 걸 깨달아야 한다."

걸으면서 주님은 악한 피조물에게 "평안하고 잠잠하라"고 말씀하셨다. 그것은 다리가 열 개 정도인 것만 빼면 바다표범과 생김새가 비슷했다. 그것은 먼지 구덩이를 구르며 뛰어다니고 있었다. 나는 비명을 지르듯 외쳤다. "하나님, 여기에는 뭐가 있나요?" 나는 예수님의 손을 잡았다. 그분은 "우리는 지금 무저갱 가까이로 가고 있단다." 하고 대답하셨다. 뱀이 기어 다니고 있었고, 땅 밑에서 분뇨와 시체 썩는 냄새 같은 고약한 악취가 올라왔다.

또다시 허다한 무리가 울부짖는 소리가 들려왔고, 타오르는 검은 연기를 뚫고 흉측하게 생긴 것이 나타났다. 나는 너무 무서웠다. 하지만 예수님이 내 손을 꼭 잡아 주셨다. 그분이 말씀하셨다. "두려워하지 마라. 어떤 것도 너를 해할 수 없단다. 내가 너와 함께 있다." 약 60센티미터 정도 되는 빛이 사방에서 그분을 비추며 어둠을 갈랐다. 그러나 벽을 따라 늘어서 있는 악한 피조물들의 모습은 계속 보였다. 그것들은 하나님을 모독하는 말을 내뱉으며 발악하고 있었다.

주님은 숨겨진 보물을 내게 보여 주셨다. 그분이 손을 한 번 움직이시자 산더미처럼 쌓여 있는 은금이 지옥 입구에서 그 모습을 드러냈다. 그분은 다시 불 섞인 피의 강들을 보여 주셨는데, 강물 속에서 해골들이 사슬에 묶인 채 "죽여 줘!", "살려 줘!" 하며 소리를 지르고 있었다. 그 해골들 위로 이렇게 말하는 소리가 들려왔다. "하나님과 그분의 심판을 두려워하지 않고 남자가 남자를 향하여, 여자가 여자를 향하여 정욕을 불태우는구나"(롬 1:24-27; 3:18).

조금 더 가니 동그란 얼굴에 이빨, 속삭이는 목소리를 가진 끔찍한 몰골의 또 다른 존재가 나타났다. 그렇게 생긴 피조물이 스물다섯 마리 정도가 있었다. 예수님은 그것들이 세상으로 내려가 사람들을 자살하게 만들고 있다고 설명해 주셨다. 그리고 그것들이 하는 말에 귀 기울여 보라고 하셨다. 그중 하나가 이렇게 말했다. "우리는 그 사람들에게 이렇게 말해 주면 되는 거야. '아무도 너를 사랑하지 않고, 아무도 너를 신경쓰지 않아. 네 가족을 봐. 너를 버렸잖아. 네 친구를 봐. 너는 그들에게 아무것도 아니야.'" 귀신들은 사람들의 감정이나 정신을 약하게 만들어서 스스로 목숨을 끊게 하는 방법을 토론하고 있었다. 그것들은 거짓말하는 영으로(대하 18:21), 사람들이 속임수나 환각에 빠지게 만들 수 있었다. 또 자기 모습을 보였다가 사라졌다가 하여 약한 사람들을 엄청난 두려움이나 고통에 빠뜨릴 수도 있었다.

> 근신하라 깨어라 너희 대적 마귀가 우는 사자같이 두루 다니며 삼킬 자를 찾나니 너희는 믿음을 굳건하게 하여 그를 대적하라… 벧전 5:8-9

나를 도와 잃어버린 자들을 구하라

택함 받은 자녀들은 하나님이 그들을 어디에, 어떻게 쓰시려고 부르셨는지 알기 전까지는 대부분 원수의 극심한 공격을 받는다. 귀신들은 선지자들과 사도들, 나아가 하나님이 세우시는 이들을 없애려고 혈안이 되어 있다. 나는 신자들에게 사탄의 속임수를 가르쳐 주고, 그것에 어떻게 대비해야 하는지 알려 줄 수 있는 지도자들을 일으켜 달라고 하나님께 기도하고 있다.

예수님은 내게 이렇게 말씀하셨다. "캐서린, 나 곧 예수의 이름과 피가 그것들을 멈출 수 있단다. 사람들에게 내 이름을 사용해서 자살을 부추기는 귀신들을 막으라고 말해 주어라. 만일 자살을 생각하고 있는 사람이 있다면, 도움을 줄 수 있는 이들을 찾아가서 기도를 받으라고 해라. 부끄러워하지 말라고 전해 다오. 실상은 그들이 그런 생각을 하고 있는 것이 아니기 때문이다. 자살을 생각하는 풍조가 널리 퍼져 가고 있다. 하지만 내가 여전히 그들을 사랑하고 있고, 그들이 나를 부른다면 내가 그들을 도울 것이라고 전해라."

예수님이 나를 돌아보시며 말씀하셨다. "캐서린, 잃어버린 자를 구원하게 나를 도와주겠니? 이곳에 뭐가 있는지 사람들에게 말해 다오. 나는 네가 전하는 메시지에 진리와 주를 경외하는 영으로 기름부을 것이고, 내게 돌아오는 자들을 지킬 것이다."

그곳은 너무나도 악하고 끔찍하고 슬픈 곳이었다. 나는 다시 생각했다. '내가 아무런 소망이나 목적도 없이 고통 가운데 영원히 불타며 자지도, 먹지도, 죽지도 못하는 이 지옥에 떨어졌다면 어떻게 되었을까?' 지옥에는 햇빛도 없고 비도 내리지 않는다. 단지 슬픔과 비탄과 증오가 불과 연기에 섞여 타오를 뿐이다. 각국에서 온 남녀는 자신이 영원히 지옥에 있어야 한다는 것을 알면서도 계속 도움과 놓임을 구하며 울부짖었다. 너무나 많은 이들이 슬프고 서럽게 울었다. 나는 한 여인이 소리치는 것을 들었다. "내게는 예수 그리스도를 영접할 수 있는 기회가 많았는데, 그분을 모욕하고 조롱하기만 했어. 그러다가 자동차 사고로 여기에 왔지. 죄가 주는 즐거움은 잠깐이었어. 이제는 슬픔뿐이구나."

예수님이 말씀하셨다. "이곳에 대해 세상 사람들에게 알려라. 그들에게 너무 늦기 전에 회개하라고 전해 다오." 나는 이 영혼들 가운데 내가 아는 사람이 없었으면 좋겠다고 생각했다.

나는 어떤 남자의 형상을 보았다. 그의 뼈는 불에 타서 벌겋고도 까맣게 그을려 있었다. 그것은 아주 키가 큰 해골이었는데, 손에 불붙은 책을 들고 있었다. 예수님은 걸음을 멈추시고 그에게 물으셨다. "평안하고 잠잠하라. 여기서 뭘 하고 있느냐?" 그 해골은 머리를 돌려 예수님을 바라보았다. 움푹 들어간 눈을 뚫고 뱀들이 기어 나오고 있었다. 그 해골은 큰 소리로 외쳤다. "예수님, 지금 저를 용서해 주실 수 있나요?" 예수님이 말씀하셨다. "너는 무슨 일을 저질렀느냐?" 해골이 대답했다. "어릴 적에 저는 주님의 복음을 전하도록 소명을 받았습니다. 교회를 다니며 주님에 대해 많이 배웠어요. 하지만 저는 진실한 마음으로 주님을 사랑하지 않았어요. 저는 세상과 세상이 제게 줄 수 있는 것을 원했어요. 그래서 주님에 대해 거짓말도 지어 냈죠. 남자가 남자와 결혼할 수 있다고도 했고, 주님도 그런 것들을 좋아하고 이해하신다고, 그런 사람들도 천국에 갈 수 있다고 가르쳤어요. 저는 제 판단이 옳다고 사람들을 설득했지요. 또 다른 나라 사람들을 증오하라고 가르쳤어요.

저는 거짓으로 수많은 이들을 세웠답니다."

내 백성을 연단하고 싶다

그 설교자를 바라보고 있는 나에게 예수님이 말씀하셨다. "나는 말라기서에 언급되어 있는 불을 보내어 백성을 연단하기 원한다(말 3:1-3). 캐서린, 정말로 그들을 돕고 싶구나. 그래서 거짓으로 가득 찬 이 설교자처럼 죄 가운데 죽어 여기 오지 않게 하고 싶다. 우리가 지나쳐 온 영혼들 중에는 이 설교자에게 속은 이들도 있었단다." 하나님의 연단하는 불은 지옥의 불과는 다르다. 하나님의 불은 그분의 백성을 정결하게 하는 성결의 불이고, 지옥의 불은 심판의 불이다.

> 그가 은을 연단하여 깨끗하게 하는 자같이 앉아서 레위 자손을 깨끗하게 하되 금, 은같이 그들을 연단하리니 그들이 공의로운 제물을 나 여호와께 바칠 것이라 말 3:3

예수님은 와서 들으라고 하셨다. 우리는 지옥 입구에서 나와 집으로 돌아왔다. 예수님께서 말씀하셨다. "캐서린, 나는 내 백성을 연단하고 싶다. 성령의 불을 보내 그들을 연단하기 원한다. 그 불은 어둠에 속한 많은 것들을 태우고 제거할 것이다. 그것은 이해할 필요가 없다. 그냥 믿으면 된다. 내 자녀들이 과거 어느 때보다도 잘 준비되는 날이 속히 이를 것이다. 이 책이 영화가 되어 세상에 나오는 날, 수많은 사람이 내게 나아올 것이다. 내가 내 백성 가운데 불을 보낼 것이다. 그 불은 그들을 태우기 위해서가 아니라 사랑하게 하고, 정결하게 하고, 바르게 하고, 마음을 견고하게 하기 위하여 임하는 것이다. 그리고 그들은 회개할 것이다. 캐서린, 나는 하고 싶은 일이 많단다."

예수님은 계속 말씀하셨다. "내 딸아, 이 넓은 세상에서 수많은 사람들이 죽어 지옥으로 가고 있단다. 나는 길을 만드는 자다. 그들이 내게 돌아와서 자기 죄를 회개하면, 나는 그들이 불타는 지옥에 가지 않도록 지킬 것이다. 내 아버지께는 그것이 아주 쉬운 일이다. 악한 귀신들과 골짜기들, 피의 강과 불과 연기(행 2:19)가 있고 죽었으나 살아 있는 자들을 귀신들이 고문하는 이곳에서 사탄은 그 모든 것을 알고 있단다. 그는 공중의 권세 잡은 자(엡 2:2)이고, 어둠의 귀신들의 주관자이며, 높은 곳에 있는 악의 영이다.

내 백성에게 나 곧 예슈아, 주 예수 그리스도, 나사렛 예수 그리스도의 이름으로 그것들을 대적하라고, 보혈을 구하라고 전해라. 보혈이 덮이면 그것들은 포기할 것이다. 나는 젊은이들이 일어나 예수의 이름으로 귀신을 쫓아내기를 바란다. 내가 누구이며 무엇을 하고 있는지 젊은이들이 깨닫기를 원한다. 내 딸아, 네가 잘 알고 있듯이 인생은 눈 깜짝할 사이에 지나간다. (예수의 이름을 의지할 때) 마귀는 수많은 영혼들을 풀어 줄 것이다. 네게 이것을 말하고 있는 나는 주 너의 하나님이다."

감사합니다. 주님!

…보라 용광로 불 같은 날이 이르리니 교만한 자와 악을 행하는 자는 다 지푸라기 같을 것이라 그 이르는 날에 그들을 살라 그 뿌리와 가지를 남기지 않을 것이로되 내 이름을 경외하는 너희에게는 공의로운 해가 떠올라서 치료하는 광선을 비추리니 너희가 나가서 외양간에서 나온 송아지같이 뛰리라 또 너희가 악인을 밟을 것이니 그들이 내가 정한 날에 너희 발바닥 밑에 재와 같으리라 만군의 여호와의 말이니라 말 4:1-3

   이 책을 읽는 독자들이여, 나는 여러분을 매우 사랑한다. 나는 당신이 출구 없는 지옥에서 영원히 불타기를 바라지 않는다. 지옥에는 출구가 없다. 지옥에는 밖으로 나가는 문이 존재하지 않는다. 일단 거기 들어가게 되면, 그곳에만 있어야 한다. 당신 주변에는 온통 밖으로 나가고 싶어서 끊임없이 울부짖는 영혼들의 비명과 불, 고통, 슬픔, 비통, 저주밖에 없을 것이다.

   사탄은 우리가 육신으로 죄 짓기를 바란다. 그래서 우리의 마음이나 생각과 전쟁을 벌인다. 사탄은 우리가 하나님의 길로 행하는 대신 육신의 본성과 정욕에 따라 살도록 미혹한다. 우리는 사탄에게 예수님의 이름으로 권세를 행사하고 꾸짖어야 한다(고후 10:4-6).

   지금이 바로 우리가 하나님께 돌아가야 할 때다. 지금이 바로 하나님이 우리에게 뭐라고 말씀하시는지 들어야 할 때다. 우리는 우리의 구원이신 예수 그리스도께서 그토록 잔인하게 매 맞고 십자가에 달리심으로 우리에게 그분의 생명을 주신 이유를 깨닫지 못하고 있는 것 같다. 내가 이 책을 통해 당신에게 전하고 싶은 것은 영원한 저주에서 우리를 건져 내시려고 예수님이 죽으셨다는 사실이다.

당신은 자신과 다른 영혼들을 진정으로 생각하고 있는가? 정말로 관심이 있는가? 만약 그렇다면, 반드시 해야 할 일이 있다. 예수님을 당신의 주님과 구원자로 영접하라. 다른 사람들에게도 예수님을 전하고, 어떻게 그분을 통해 구원받을 수 있는지 알려야 한다. 사람들과 함께 기도하라. 사탄은 당신이 입을 열어 하나님의 진리를 전하는 것을 좋아하지 않는다. 사탄이 당신을 멈추지 못하게 하라. 무조건 선포하라.

예수 그리스도의 구원을 선포하자! 예수 그리스도를 높이자! 그분이 말씀하셨다. "이제 이 세상에 대한 심판이 이르렀으니 이 세상의 임금이 쫓겨나리라 내가 땅에서 들리면 모든 사람을 내게로 이끌겠노라"(요 12:31-32).

사탄의 속임수

분별하기

사탄은 스스로 목숨을 끊으면 상황이 나아질 것이라는 생각을 주입하여 사람들을 속이려고 한다. 실상 사탄이 원하는 바는 사람들을 하나님으로부터 분리시켜 파멸시키는 것이다. 마귀는 또한 사람들이 부분적인 진리만 믿게 하여 사실상 하늘에 계신 아버지로부터 멀어지고 있는데도, 하나님을 따르고 있다고 착각하게 만든다. 반드시 규칙적으로 하나님의 진리인 성경 말씀을 읽고, 항상 바르고 유익한 것에 마음을 집중하라.

…무엇에든지 참되며 무엇에든지 경건하며 무엇에든지 옳으며 무엇에든지 정결하며 무엇에든지 사랑받을 만하며 무엇에든지 칭찬받을 만하며 무슨 덕이 있든지 무슨 기림이 있든지 이것들을 생각하라 빌 4:8

CHAPTER 5

예수 그리스도의 피의 권세

예수님을 구하여 정결함을 받으라

여러 해 전에 청소년들과 함께 드렸던 예배가 떠오른다. 예배 중에 열다섯에서 열여덟 사이의 십 대들이 강대상 앞으로 나왔다. 당시 나는 마약과 그들에게 역사하고 있는 죄에 관해 설교했다. 말씀을 증거한 후 그들을 앞으로 초청했고, 그들은 큰 소리로 회개하며 울부짖었다. 그들은 마약을 하고 있거나 각종 죄악을 행하고 있었다. 그들이 강대상 앞으로 나올 때, 나는 하나님의 놀라운 사랑과 권능을 느꼈다. 정말 아름다운 시간이었다.

당시 십 대들이 앞으로 나올 때, 어떤 분이 그 광경을 사진으로 남겼는데, 나중에 사진을 현상해 보니, 아이들 위로 빨간 담요처럼 생긴 것이 천장에서 떨어지고 있었다. 그리고 그 빨간 것(나는 그것이 예수님의 피라고 생각한다)이 물처럼 되어 그들을 깨끗하게 씻겼다. 하나님의 말씀은 살아 있다. 예수님의 피는 결코 그 권세를 잃은 적이 없다.

어느 날 밤, 나의 왕과 함께 지옥을 걷고 있을 때, 주 예수님이 그분의 강력한 피의 진리를 내게 계시해 주셨다. "갈보리에서 뿌려진 나의 피는 모든 죄, 누가 저지른 어떤 잘못이라도, 과거에 저지른 어떤 악하고 더러운 것이라도 다 씻어 낼 수 있단다. 캐서린, 누구라도 내 앞에서 회개하면, 나는 그들을 정결하게 하고 그들의 영혼을 구원할 것이다. 하지만 복음을 알고 깨달은 남녀노소가 반드시 해야 할 일이 있다. 그들은 자신들이 저지른 모든 죄에 대해 용서를 구한 후, 나에게 그들의 마음에 들어와서 자신들의 영혼을 구원해 달라고 간구해야 한다. 그러면 나의 보혈이 그들을 깨끗하게 씻겨 줄 것이다. 그들이 나에게 부르짖으면 하늘의 천사들이 그것을 알고, 내가 말한 대로 할 것이다."

> 그가 빛 가운데 계신 것같이 우리도 빛 가운데 행하면 우리가 서로 사귐이 있고 그 아들 예수의 피가 우리를 모든 죄에서 깨끗하게 하실 것이요 만일 우리가 죄가 없다고 말하면 스스로 속이고 또 진리가 우리 속에 있지 아니할 것이요 만일 우리가 우리 죄를 자백하면 그는 미쁘시고 의로우사 우리 죄를 사하시며 우리를 모든 불의에서 깨끗하게 하실 것이요 요일 1:7-9

예수님과 나는 걷기 시작했다. 그리스도의 발에서 다시 피가 흐르고 있었다. 그분은 이렇게 말씀하셨다. "캐서린, 우리가 본 이들은 모두 지옥에 오지 않을 수 있었다. 나의 능력과 피가 오늘도 여전히 살아 역사하고 있다는 것을 믿고 전심으로 회개했다면, 내가 그들의 모든 죄를 깨끗하게 씻어 주고 그들의 마음과 삶 가운데 기쁨을 회복시켜 주었을 것이다. 내가 하나님의 아들인 것을 그들이 믿기만 했어도 말이다." 그 후 그분은 말씀하셨다. "와서 보아라."

예수님은 불타 버린 길을 지나 언덕 위 또 다른 곳으로 나를 데려가셨다. 그분이 팔을 드시자 공중에 커다란 문이 나타났다. 안쪽으로 불타고 있던 많은 해골들이 세상에서 살던 모습이 보였다. 나는 많은 이들이 교회, 학교, 마을, 자동차 안에 있는 것을 보았다. 그것은 젊은이들이 일상적으로 살아가는 모습이었다. 그리스도께서 말씀하셨다. "이것은 그들의 과거란다."

그때 교회 예배에서 목사님들이 그들을 향해 설교하는 소리가 들려왔다. 많은 젊은이들이 하나님의 영으로 이끌림을 받았다. 그러나 예배 후 다시 거리로 나선 그들은 머리를 흔들며 어디론가 사라졌다. 그들은 며칠 후 사탄이 사고를 일으켜 그들을 죽이려는 계획을 가지고 있다는 것을 알지 못했다. 그 광경을 지켜보며 나는 많은 이들에게 믿는 부모가 없다는 것을 알게 되었다. 그들은 그들이 받은 가르침에 혼란스러워했다. 나는 말했다. "아, 하나님, 너무나도 단순한 진리인데, 주님이 우리 죄를 용서하시고 우리의 상한 몸을 치유하시기 위해 십자가에서 죽으셨어요. 주님이 다 담당하셨지요. 단지 그것을 믿기만 하면 되는데…."

나는 그들 중 일부가 그리스도를 영접하고 기쁨으로 외치자, 예수님의 피가 임하여 그들을 깨끗하게 씻어 주는 것을 보았다. 하지만 죄악의 길로 다시 돌아가는 이들도 있었다. 그들은 자동차나 그 외의 사고들로, 불량배들의 폭력으로 죽음을 맞았다. 나는 그들이 죽는 모습을 볼 때마다 비명을 지르곤 했다.

한 청년이 오토바이 사고로 죽자 영혼이 그 몸에서 빠져나왔다. 하얀 안개처럼 생긴 것이 청년의 몸에서 빠져나오더니 공중으로 올라갔다. 나는 그 영혼을 지켜보고 있었는데, 갑자기 시커먼 형체가 나타나더니 순식간에 그것을 낚아챘다. 그 영혼의 비명소리가 들려왔다. 악한 영들은 지옥 입구를 지나 불이 있는 곳으로 영혼을 끌고 갔다. 그리고 보좌에 앉아 있는 마귀 앞으로 데려갔다. 마귀는 귀신들에게 뭐라고 말하며 종이 위에 쓴 것을 보여 주었는데, 거기에는 불타는 지옥 중 어느 곳에 그 영혼을 가둘 것인지가 적혀 있었다.

예수님을 전하라

나는 비슷한 이야기들을 보고, 또 보고, 또 보다가 결국 예수님께 부르짖었다. "더 이상 볼 수가 없어요. 견딜 수가 없어요, 예수님! 저들을 도와주세요. 어떻게 좀 해 주세요!" 그분이 나를 돌아보며 말씀하셨다. "너는 어떻게 하겠느냐? 사람들에게 나의 피에 대해 전하겠느냐? 회개하면 내 피가 그들을 깨끗하게 씻어 줄 것이라고 말해 주겠니? 네가 아는 대로 지금 이 시각에도 많은 사람들이 거짓 교훈으로 죽어 가며 지옥으로 향하고 있다. 내 딸아, 이 땅은 환각에 취해 있다. 백성들은 내 피와 십자가에 대해, 내가 영원한 지옥의 저주에서 사람들을 구원하려고 생명을 버렸다는 진리를 가르치지 않고 있다. 굳건하게 서서 내 피에 대해 전해라. 또 내가 어떻게 생명을 주었는지, 어떻게 내 아버지가 죽은 자 가운데서 나를 일으키셨는지 전해라. 그들에게 말하고 선포해라."

또 한 번은 내게 불에 휩싸인 해골을 보이시며 말씀하셨다. "이것은 지난 수년간 죽은 청소년들이 심판받는 모습이다." 지옥에는 분명 아기들이나 어린아이들은 존재하지 않지만, '책임질 수 있는 연령대'의 아이들은 있다. 청소년들은 하나님이 어떤 분이신지 알 수 있고, 그분을 믿을지 말지 결정할 수 있기 때문이다. 그 해골들은 새까만 사슬에 매인 채 비명을 지르고 있었다. "고통을 좀 줄여 줘. 제발 좀 죽게 해 줘." 그들은 이를 갈며 말했다. "왜 우리 엄마 말을 안 들었을까? 왜 우리 아빠 말을 안 들었을까? 왜 목사님 말을 안 들었을까?" 누군가 이렇게 소리쳤다. "어째서 내 이웃은 나를 교회에 데리고 가지 않았지? 어째서 아무도 내게 영원한 저주가 있다고 말해 주지 않았을까?" 또 다른 남자가 큰 소리로 외쳤다. "목사가 옆집에 살고 있는데도 한 번도 와서 회개하라고 말한 적이 없어. 나는 비열하고 악한 사람이었지만, 아무도 내게 그만두라고 하지 않았어." 또 젊은 여자가 말하는 소리도 들렸다. "나는 귀신에 들려 마귀를 섬겼어. 그러다가 살해당해서 여기에 왔고, 지금도 여기에 있어. 왜 나는 듣지 않았을까? 예수님에 대해 들었는데도, 다른 사람처럼 믿지 않았어. 아니, 오히려 사탄을 숭배하고 믿었지. 아! 죽여 줘. 제발 좀 죽게 해 줘."

그러나 성령이 밝히 말하시기를 후일에 어떤 사람들이 믿음에서 떠나 미혹하는 영과 귀신의 가르침을 따르리라 하셨으니 자기 양심이 화인을 맞아서 외식함으로 거짓말하는 자들이라 딤전 4:1-2

당신의 가족을 위해 기도하라

회개하고 예수님이 당신을 온전하게 하시려고 피 흘려 죽으신 것을 믿기만 하면, 예수 그리스도의 피가 영원한 저주에서 당신의 영혼을 구원하신다. 우리 모두는 순진무구한 아기로 이 세상에 태어난다. 우리에게는 주님에 대해 가르쳐 줄 믿음의 부모가 필요하다. 하지만 많은 부모가 믿지 않고 있다. 그들은 좋은 교회에 출석해서 예수님에 대해 배우고 구원받아야 한다. 그러면 어떻게 구원받는지 자녀들에게 가르칠 수 있을 것이다.

당신의 가족을 위해 기도하라. 당신의 자녀와 부모, 조부모에게 지옥에 관해 경고하라. 그들이 모르고 있는 영적인 실재에 관해 말해 주고, 하나님의 영이 그들을 구원으로 인도하시게 하라. 그들의 영적인 상태에 무관심하지 말라. 그들이 그리스도를 모른 채 죽어 지옥에 떨어지게 내버려 두지 말라.

사탄의 속임수

분별하기

A Divine Revelation of Satan's Deceptions

사탄은 사람들이 예수님과 그분이 우리를 위해 십자가에서 하신 일을 '지식적으로' 아는 것만으로도 충분하다고 여기기를 바란다. 하지만 구원받으려면 예수님과 우리를 위한 그분의 희생에 인격적으로 반응해야 한다. 그분이 우리를 위해서 죽으셨다는 것과 그분의 피가 살아 있고 능력이 있어서 모든 죄에서 우리를 정결하게 할 수 있다는 것을 믿어야 한다. 아직 그렇게 하지 않았다면, 지금 바로 기도하라.

사랑하는 예수님,

저는 주님이 십자가 위에서 저를 위해 죽으신 것을 믿습니다. 저는 제가 범한 모든 죄를 회개합니다. 제 모든 잘못을 깨끗하게 하시려고 주님이 피 흘리신 것에 감사드립니다. 주님의 피로 저를 깨끗하게 씻어 주셔서 감사합니다. 저는 하나님 아버지께서 주님을 죽은 자 가운데서 일으키신 것과 주님이 아버지 안에서 제게 새 생명을 주신 것을 믿습니다. 주님의 영으로 저를 채워 주시고, 주님을 위해 살도록 도와주십시오. 예수님의 이름으로 기도합니다. 아멘.

CHAPTER 6

죽은 자들과 대화하시는 예수님

그리스도와 함께 지옥을 걸으며 나는 너무 무서웠다. 그분이 불의 강도와 차원이 다른 곳으로 가서서 많은 해골들과 대화하실 때는 특히 더 그랬다. 그것들은 할로윈 때나 볼 수 있는 해골의 모습이었다. 많은 영혼들이 무릎 꿇고 빌며 울었지만, 눈물은 나오지 않았다. 그들은 그리스도께 이렇게 말했다. "아, 예수님, 제가 죽기 전에 회개했더라면 좋았을 텐데요. 이제는 소망이 없습니다. 영원한 저주 외에 다른 운명은 존재하지 않아요."

영원한 실재

한번은 예수님이 해골들 중 하나에게 말씀하시는 모습을 지켜보면서 영원에 대해 깊이 생각했다. 많은 사람들이 끊임없이 자기의 길을 가며 육신을 섬긴다. 하나님의 법과 진리를 거스르며 정욕을 따르고 있다. 그들은 회개하고 예수 그리스도를 통해 거듭나라는 하나님의 계명을 지속적으로 거절할 뿐 아니라 하나님을 조롱하며 모욕하고 있다. 그러다가 죽음이 그들에게 임한다. 그들의 삶이 하나님과 올바른 관계에 있지 않으면, 그들은 영원토록 벌을 받게 된다.

갈라디아서 5장은 육체의 정욕에 관해 다음과 같이 말씀한다.

> 형제들아 너희가 자유를 위하여 부르심을 입었으나 그러나 그 자유로 육체의 기회를 삼지 말고 오직 사랑으로 서로 종노릇하라 온 율법은 네 이웃 사랑하기를 네 자신같이 하라 하신 한 말씀에서 이루어졌나니 만일 서로 물고 먹으면 피차 멸망할까 조심하라 갈 5:13-15

회개하지 않고 육체의 일을 행하는 자들은 하나님 나라가 아닌 지옥을 상속받게 된다(갈 5:19-21). 나는 예수님과 함께 지옥의 많은 구역들을 돌아보았다. 그곳에서는 허다한 이들이 죽고 싶어 비명을 지르지만 죽을 수 없다. 예수님은 나를 돌아보시며 이렇게 말씀하시곤 했다. "그들이 귀 기울여 듣기만 했어도 좋았을 텐데. 나는 길이요 진리요 생명이란다." 많은 영혼들이 다른 이들을 탓하고 있다. 그들은 당신이나 나를 탓할 수도 있다. 지옥에 대해 경고하지 않았다고, 예수님에 대해 전하지 않았다고, 그리고 어떻게 하면 구원받을 수 있는지 나누지 않았다고 말이다.

죽은 자들의 이야기

어느 날 밤, 함께 걷고 있을 때에 예수님이 말씀하셨다. "가자. 지금까지 공개하지 않았던 것들을 네게 보여 주겠다. 캐서린, 이것은 너무나 슬프고 처참해서 내 마음이 몹시 아프다. 보는 것만으로도 가슴이 미어진단다. 하지만 이 세상이 깨어서 하나님께 돌아오려면 반드시 들어야 하는 이야기이다."

땅이 쩍쩍 갈라져 있었고, 불에 타서 건조하고 뜨거웠다. 그 열기에 길 양편의 바위들도 녹아 있었다. 귀신들은 바위 뒤쪽에 숨어서 소름 끼치는 소리를 냈다. 지옥에 있는 악한 영들 대부분은 세상과는 달리 분명하게 형체가 보였는데, 나는 그것에 대해 곰곰이 생각해 보았다. 잠시 후 그리스도께서 말씀하셨다. "보아라." 우리는 낡고 퇴락한 더럽고 컴컴한 곳에 서 있었다. 죽은 자들이 불평하고, 신음하고, 이를 가는 소리가 사방에서 들려왔다. 그리스도께서 말씀하셨다. "저쪽으로 건너가서 이야기를 나눠야겠다. 함께 가자."

우리는 담으로 둘러싸인 지역으로 건너가서 작은 방, 혹은 감옥 같은 곳에 이르렀다. 거기에는 귀신들이 세운 감옥이 길게 늘어서 있었다. 모든 감옥은 커다란 자물쇠에 시커먼 빗장이 채워져 있었고, 바닥은 먼지와 오물 투성이였다. 예수님은 감옥들 중 하나에 다가가셨다. 한 남자가 울부짖는 소리가 들려왔다. 그는 사슬을 철커덕거리며 창살 쪽으로 다가왔다. 처음에는 그의 뼈가 내는 소리인 줄 알았는데, 그것은 그의 온몸을 휘감고 있는 사슬 소리였다. 그의 눈이 있어야 할 자리에는 불에 탄 구멍만 나 있었다. 발 한쪽도 없었다. 그는 뼈가 다 드러난 손으로 창살을 잡고 울부짖었다. "예수님, 예수님!" 그가 외칠 때, 회색빛이 도는 검은색 영혼이 그의 갈비뼈 안쪽에서 오르락내리락하는 것이 보였다. 예수님이 그에게 물으셨다. "네 이름은 무엇이고 어째서 여기에 있느냐?"

그는 이렇게 대답했다. "예수님, 제가 복음을 귀담아들었더라면 얼마나 좋았을까요? 저는 주님보다 세상을 원했습니다. 저는 세상에서 악한 일을 저질렀어요. 저는 사악한 사람이었습니다. 저는 증오와 용서하지 않는 마음을 품고 여러 사람을 죽였습니다. 그러다가 주님이 저를 용서해 주실 것이라는 말을 설교자들과 다른 여러 사람들에게 들었습니다. 하지만 그것을 믿지 않았어요. 아, 제가 믿었더라면 좋았을 텐데. 그것을 믿었어야 했는데! 어느 날 저는 어떤 일을 하다가 악한 자들에게 붙잡혔습니다. 그들이 저를 사슬로 묶었고, 저는 그렇게 사슬에 묶인 채 죽었어요. 주님, 그들은 저를 나무에 매달아 놓고 가 버렸어요. 그런데 여기 지옥에서도 저는 여전히 사슬에 매인 채 죽고 싶어도 죽을 수가 없어요. 땅에서 죽자 영혼이 몸에서 빠져나왔고, 귀신들이 저를 지옥으로 끌고 와서 수년간 여기 있는 거예요. 하지만 제가 복음을 들었던 모든 순간을 기억할 수 있어요. 복음을 들었던 순간순간이 다 기억나요."

> 그를 믿는 자는 심판을 받지 아니하는 것이요 믿지 아니하는 자는 하나님의 독생자의 이름을 믿지 아니하므로 벌써 심판을 받은 것이니라 요 3:18

예수님의 얼굴은 눈물로 젖어 있었다. 옆쪽에 있는 감옥에서 또 다른 사람의 탄식 소리가 들려왔다. 우리는 그곳으로 이동했고, 예수님은 그 해골에게도 조금 전과 동일한 질문을 던지셨다. "네 이름은 무엇이고 어째서 여기 있느냐?" 그의 목소리에는 너무나 큰 슬픔이 묻어 있었다. "예수님, 제가 여기 있는 이유는 사람들의 돈을 갈취하려고 거짓말하고 속였기 때문이에요. 저는 여러 번 복음을 들었지만, 그것을 거절하고 죄로 가득한 제 삶을 사랑했어요." 그가 말하는 동안, 기록된 말씀이 허공에 나타나더니 그를 둘러쌌다. "악한 사람들과 속이는 자들은 더욱 악하여져서 속이기도 하고 속기도 하나니"(딤후 3:13). 그 남자는 계속 말했다. "예수님, 제게는 회개할 기회가 많았어요. 복음을 알고 있었지만, 사람들이 너무 어리석어 보여서 그들을 거짓말로 조종하기만 하면, 백만장자가 될 수 있을 거라고 생각했어요. 하지만 자동차 사고로 갑자기 죽고 말았지요. 저는 회개할 시간이 없었어요. 제 영혼이 몸에서 빠져나오자, 귀신들이 저를 여기로 데려왔어요. 저의 죄 때문에 지금까지 얼마나 고통을 받았는지 몰라요. 하나님, 정말 끝도 없는 고통이에요. 제게 더는 소망이 없다는 것을 저도 알고 있어요." 그 해골은 너무나 큰 고통으로 울부짖으며 떨고 있었다.

나는 예수님과 함께 계속 걸었다. 말로 표현할 수 없을 정도로 더러운 일들을 행하고 악한 것들을 사랑했던 그 모든 영혼들로 인해 나는 너무나 슬펐다. 그러면서 나는 끊임없이 생각했다. '사랑하는 하나님, 이 고통이 언젠가는 끝이 날까요?'

> 이 세상이나 세상에 있는 것들을 사랑하지 말라 누구든지 세상을 사랑하면 아버지의 사랑이 그 안에 있지 아니하니 이는 세상에 있는 모든 것이 육신의 정욕과 안목의 정욕과 이생의 자랑이니 다 아버지께로부터 온 것이 아니요 세상으로부터 온 것이라 요일 2:15-16

나는 울음을 멈출 수가 없었다. 그리스도께서 내 손을 잡으며 어서 가자고 말씀하셨다. 그분의 발을 내려다보니, 발에는 못 자국이 선명했고 피가 솟구치다 이내 사라지곤 했다. 나는 생각했다. '아, 예수님, 주님은 이 사람들을 위해 상처 받으시고 피 흘려 죽으셨군요. 아버지는 죽은 자 가운데서 주님을 살리셨고, 주님은 영원히 살아 계셔서 우리에게 영원한 생명을 주셨습니다. 사람들이 이 복음을 믿기만 하면, 이 끔찍한 곳에 오지 않을 텐데요.'

헤아릴 수 없이 많은 감옥들에서 탄식과 울부짖는 소리가 흘러나오고 있었다. 나는 말했다. "하나님, 견딜 수가 없어요. 그냥 여기서 나가면 안 될까요?" 예수님은 온유한 눈빛으로 나를 바라보셨다. "네게 보여 줄 게 더 있단다."

나는 주위를 둘러보며 울었고, 우리는 계속 여러 감옥 사이를 걸어갔다. 우리는 비명을 지르고 있는 한 여인에게 다가갔다. "예수님, 예수님, 예수님! 여기서 저를 꺼내 주시면, 지금부터 옳은 일만 할게요. 예수님, 예수님, 오셔서 제 얘기 좀 들어 주세요." 예수님은 그녀에게 다가가셔서 이렇게 말씀하셨다. "평안하고 잠잠하라. 여자여, 어째서 여기 있느냐?" 그분이 "평안하고 잠잠하라" 하시자, 근처에 있던 귀신들이 뒤로 도망쳤다. 예수님이 가서 말씀하시는 곳마다 빛이 비쳤고, 귀신들은 그 빛을 피해 달아났다. 나는 '평안'이라는 말씀이 그들을 쫓아내고 있다는 것을 알게 되었다. 귀신들은 지옥에서 그런 말을 들어 본 적이 없었다. 그래서 그 말에 두려움을 느끼고 도망칠 수밖에 없었던 것이다. 지옥에는 평안이 없다.

그 여인은 예수님께 이렇게 말했다. "저는 명품 옷을 파는 사람이었습니다. 저는 여자들을 대상으로 명품 옷을 사고팔았어요. 제게는 같이 일하는 사람들이 있었는데, 그들은 은밀하고 어두운 곳에서 순진한 사람들에게 주술과 주문을 걸었어요. 저는 이런 옷 같은 것으로 마법을 걸었어요. 그러다가 나중에 제가 그 마법에 걸려들고 말았지요. 많은 그리스도인들이 예수님의 이름에 권세가 있다는 것과 하나님의 어린 양이신 주의 보혈에 능력이 있다는 것을 알고 있었어요. 저는 바보가 아니었어요. 저도 알고 있었지요. 하지만 제 마음은 이미 속고 있었어요. 저는 사탄을 섬기고 있었고, 줄곧 사탄이 제게 한 나라를 줄 것이라고 믿었어요. 제가 순진한 사람들에게 주술과 마술을 걸면, 마귀가 가진 능력을 더 많이 얻게 될 것이라고 생각했던 거예요. 저는 사람들이 고통당하는 것을 보는 것이 재미있었거든요."

나는 그녀의 영혼을 유심히 살펴보았다. 그녀의 해골은 공중에 떠 있는 것처럼 보였으나 사슬이 그녀를 아래로 잡아당기고 있었다. 안쪽으로 시커멓고 더러운 안개 같은 그녀의 영혼이 보였고, 그녀가 말할 때마다 해골의 입이 들썩거렸다. 뱀들이 그 눈에서 기어 나오더니 곳곳을 뚫고 다녔다. 그리고 다른 영혼들과 마찬가지로 벌레들이 그녀의 뼈를 갉아먹고 있었다.

나는 그녀의 말을 들으며 생각했다. '어떻게 저럴 수 있을까? 그녀는 지옥 불에 타고 있으면서도 여전히 마귀를 섬기는 일을 생각하고 있어.' 그때 갑자기 불이 그녀의 발 주변에 나타났다. 그 불이 횃불처럼 커지자 그녀는 비명을 질렀다. "그만! 아 사탄이여, 멈춰요! 제가 땅에서 그토록 충성스럽게 당신을 섬겼는데, 저를 고작 이렇게 대우하는 건가요?" 그녀의 감옥이 흔들렸고, 예수님과 나는 그곳을 떠났다. 나는 말했다. "예수님, 그녀는 지옥에서도 여전히 악을 행하려고 하네요." 그러자 주님이 말씀하셨다. "그녀는 철저하게 속임을 당했다. 마귀에게 완전히 당한 것이지. 그녀가 내게 오기만 했어도, 진심으로 그렇게만 했어도, 나는 그녀를 용서했을 것이다. 하지만 그녀는 그렇게 하지 않았다. 캐서린, 그녀는 마귀를 속이듯이 나를 속이려 했단다. 그러다가 내가 그녀에게 다가갈 수 없는 날이 왔지. '내 영이 그들을 구원으로 이끌 것'(요 6:44)이지만, 분명 내 아버지의 심판이 임하는 날도 온단다."

나는 온갖 의문들을 품고 계속 걸었다. 내가 혼란스러워하는 것을 아시고 예수님이 돌아보시며 말씀하셨다. "캐서린, 언젠가는 깨닫게 될 것이다. 하지만 지금은 계속 네게 지옥을 보여 주어야 한단다."

> 스스로 속이지 말라 하나님은 업신여김을 받지 아니하시나니 사람이 무엇으로 심든지 그대로 거두리라 자기의 육체를 위하여 심는 자는 육체로부터 썩어질 것을 거두고 성령을 위하여 심는 자는 성령으로부터 영생을 거두리라 갈 6:7-8

너무 늦기 전에

우리는 좁은 길을 가로질러 뜨거운 연기로 가득한 평지에 이르렀다. 썩은 물같이 더러운 것이 덮여 있었는데, 물은 아니고 분뇨 같은 것으로 더럽고 역겨운 악취가 났다. 마치 플라스틱이나 동물의 분뇨, 쓰레기가 타는 것 같은 끔찍한 냄새였다. 그것은 땅에서 배어 나오고 있었다. 우리는 멀찌감치 떨어져서 지옥의 불꽃이 활활 타오르는 모습을 보았다. 그 불은 느릿느릿 땅 위를 기어 다니며 뭔가를 태우고 있었다. 그중 어떤 불은 그 땅을 정화하고 있는 게 아닐까 하는 생각이 들었는데, 잘은 모르겠다. 내가 명확히 대답하지 못할 것들이 더러 있었다.

예수님이 "캐서린, 가자." 하고 말씀하셨다. 그분은 빛을 비추셨고, 우리는 그 구역질 나는 곳을 가로질러 크고 반질거리는 돌 위를 걷기 시작했다. 반대편에 도착하자 예수님이 말씀하셨다. "내가 괴물을 보여 주겠다." 나는 두려워졌다. 그러자 예수님이 말씀하셨다. "내가 네 손을 잡고 있다. 내가 너와 함께한단다. 두려워하지 마라." 그분이 오른손으로 내 손을 잡은 채 우리가 막 건너온 더럽고 냄새 나는 장소를 향해 왼손을 들어 올리시자, 모든 것이 지옥의 '허공'으로 떠올랐다. 그러자 정말 거대하고 흉측한 괴물이 보였다. 그것은 엄청나게 큰 눈에 긴 꼬리를 가지고 있었고 입에서는 불을 뿜고 있었다. 그것은 마치 악어처럼 낡은 비늘로 뒤덮인 용 같았다.

내가 벌벌 떨며 예수님 곁에 바싹 붙자, 그분은 이렇게 말씀하셨다. "두려워하지 마라. 저것은 너를 건드릴 수 없단다. 하지만 향후에 나의 교회가 들림 받은 후, 저것이 지옥에서 나와 세상을 활보하리라는 것을 많은 이들이 알지 못하고 있다. 그러나 하나님이 말씀하실 때까지는 풀려나지 못할 것이다(살후 2:1-12). 하나님은 만물의 창조주이시며 한 분이시다."

나는 계속 떨면서 예수님께 바싹 붙어 걸었다. 우리가 언덕으로 올라가자, 괴물은 오물 속으로 다시 사라졌다. 나는 생각했다. '지옥이 이 땅 가운데 있다. 이곳은 죽은 자들이 거하는 곳으로, 마귀적 존재들과 말하는 해골들, 불타는 육체가 있고 오물과 시체 썩는 냄새가 도처에서 올라오고 있다.'

위쪽을 올려다보니, 어떤 구멍에서 검은 물체가 떨어지고 있었다. 그것이 골짜기 가운데로 떨어지자, 귀신들이 낄낄대며 그것을 향해 부산스럽게 움직였다. 예수님은 이렇게 말씀하셨다. "저들은 방금 땅에서 죽은 영혼들이다. 영혼이 입구로 떨어지면 귀신들이 잡아 고문하는 장소에 집어넣는다. 거짓말쟁이들은 거짓말쟁이들끼리, 살인자들은 살인자들끼리, 미워하던 자들은 미워하던 자들끼리, 용서하지 않은 자들은 용서하지 않은 자들끼리, 술 취한 자들은 술 취한 자들끼리 모아 놓는다. 그들은 자신과 같은 수천 명의 사람들과 함께 모여 있게 된다. 그들은 고통과 슬픔, 근심 가운데 울부짖지만, 결코 거기서 나올 수 없다. 그들이 내게로 돌아왔더라면, 나는 그들이 범한 육체의 죄를 용서해 주었을 것이다. 네게 지옥을 보여 주고 있는 것이 바로 이 때문이다. 너무 늦기 전에, 사람들이 영원한 불에 떨어지기 전에 회개하고 내게 돌아오게 하려는 것이다."

예수님도, 나도 슬펐다. 예수님은 손과 발에서 피를 흘리며 말씀하셨다. "나는 이 모든 이들을 위하여 죽었지만, 이제는 너무 늦었구나. 너무 늦었어." 예수님은 위를 올려다보시며 기도하셨다. "나의 아버지, 나의 아버지, 자비를 베푸소서." 그러자 지옥이 다시 한 번 흔들렸다.

나는 예수님께 매달려 이렇게 말했다. "제가 주님을 떠났을 때 이런 일이 일어날 뻔했군요. 주님, 저는 전에 한 번 주님을 떠난 적이 있어요. 해서는 안 되는 일을 저질렀어요. 하지만 저는 회개하고 주님께 돌아왔지요." 그분은 나를 바라보시며 이렇게 말씀하셨다. "다른 곳으로 가자. 그곳에서 내게 나아오는 것을 계속 내일로 미룬 자들을 만나게 될 것이다. 하지만 내일은 결코 오지 않았지."

> 들으라 너희 중에 말하기를 오늘이나 내일이나 우리가 어떤 도시에 가서 거기서 일 년을 머물며 장사하여 이익을 보리라 하는 자들아 내일 일을 너희가 알지 못하는도다 너희 생명이 무엇이냐 너희는 잠깐 보이다가 없어지는 안개니라 너희가 도리어 말하기를 주의 뜻이면 우리가 살기도 하고 이것이나 저것을 하리라 할 것이거늘 이제도 너희가 허탄한 자랑을 하니 그러한 자랑은 다 악한 것이라 약 4:13-16

우리는 그곳을 떠나 산 아래쪽 커다란 모퉁이를 돌았다. 불이 시커먼 연기를 내뿜으며 타오르고 있었고, 그 열기가 상상할 수 없을 정도로 뜨거웠으며, 시체나 분뇨가 타는 듯한 고약한 냄새가 났다. 사방이 쥐들 천지였고, 뱀들이 예수님의 임재를 피해 달아났다. 바닥에서 펄쩍펄쩍 뛰어다니는 조그마한 털복숭이들도 있었는데, 뭔지는 잘 모르겠지만, 그것들 때문에 몹시 무서웠다.

아직도 죄를 회개하지 않고 예수님을 영접하지 않았다면, 하나님께 돌아오라고 경고하는 것이 바로 내 임무이다. 성경은 만일 땅에 칼이 임하는 것을 보고도 그 백성에게 경고하지 않으면, 그 핏값을 그의 손에서 찾겠다고 말씀하셨다(겔 33:1-6). 그러므로 나는 다음과 같이 외친다. 회개하라! 세상이여, 회개하라! 예수님이 '티' 없는 교회를 세우기 위해 다시 오실 것이다. 우리는 죄를 씻김 받고 하나님께 순종해야 한다. 또한 예수님은 '주름' 없는 교회를 세우기 위해 다시 오실 것이다. '주름 없다'는 것은 하나님과 그분의 계명에 대한 경외 없이는 우리가 원하는 어떤 일도 할 수 없다는 뜻이다(엡 5:27).

우리는 성경을 읽어야 하고, 성령이 교회에 하시는 말씀을 들어야 한다. 하나님의 말씀의 진리를 가르쳐 줄 좋은 교회에 꾸준히 출석할 것을 권한다. 우리는 '언약궤', 즉 거룩하신 하나님의 말씀으로 돌아가야 한다. 지옥이 하나님과 예수님과 복음의 진리를 거절한 이들로 날마다 점점 더 넘쳐 나고 있기 때문이다.

지옥은 진리에 대해 거짓을 말하고 있는 일부 설교자들 때문에 확장되고 있는 중이다. 나는 설교자들에게도 경고한다. 회개하고 하나님께 돌아와 지옥의 심판에서 사람들을 구원하는 일에 동참하라. 사람들에게 하나님의 말씀을 있는 그대로 가르치지 않거나 진심으로 대하고 있지 않다면, 당신은 수많은 사람들을 영원한 저주로 들여보내고 있는 것이다.

계속 걸으면서 나와 주님은 마귀에게 화가 나 있었다. 나는 이렇게 생각했다. '이 아래 있는 이들에게는 불타는 고통 외에는 내일이 없다. 여기 있는 자들은 모두 불못에 던져지게 될 것이다. 아 하나님, 자비를 베푸소서. 자비를 베푸소서.' 나는 거기 있던 모든 이들을 생각하며 뒤를 돌아보았다. 그곳에는 타오르는 불이 있었고, 죽은 자들이 비명을 지르고 있었으며, 방마다 공포의 소리가 메아리쳤다. 질병에 걸린 채 죽은 자들은 지옥에서 그보다 열 배나 더한 극심한 고통에 시달리며 끔찍한 비명을 질러 댔다.

하나님의 영의 위대한 운행

예수님이 말씀하셨다. "가자, 너에게 보여 줄 것이 있다." 우리는 엄청나게 많은 남자들이 모여 있는 곳으로 갔다. 그들은 해골이었지만, 나는 그들이 다 남자라는 것을 알 수 있었다. 그들은 남자의 음성으로 그리고 각국 언어로 비명을 지르고 있었다. 예수님은 이렇게 말씀하셨다. "보아라. 이 사람들은 모두 알코올 중독으로 죽은 사람들이다. 그들은 나보다 술을 지독하게 사랑했단다. 그들은 파티를 사랑하고 술을 즐겨 마셨지. 그들은 그야말로 인생을 즐겼고, 자신 외에는 어느 누구도 신경 쓰지 않고 오로지 기분 좋은 일만 찾아다녔다. 오늘날 이 땅에는 수많은 알코올 중독자들이 있다. 그들은 내게 돌아와야 한다. 그러면 내가 그들을 용서하고 건질 것이다.

캐서린, 나는 나의 영을 더욱 강력하게 세상에 보낼 것이다. 부모와 교회의 기도를 받고 있는 많은 이들에게 기회를 줄 것이다. 나의 영을 쏟아부어 주의 인자하심으로 사람들을 구원으로 이끌 것이다(롬 2:4; 호

11:4). 나의 영을 독특한 방식으로 쏟아부어 많은 사람들을 놀라게 할 것이다. 지옥이 육신의 죄악을 범한 사람들로 넘치고 있으니, 이에 대해서는 거듭 설교해야 한다. 내게 구하는 이들은 누구든지 내가 모든 육신의 죄악에서 건질 것이다. 딸아, 나는 때로 그들이 구하지 않아도 구원할 것이다. 진실로 그렇게 할 것이다. 그것은 사람들을 향한 나의 큰 사랑 때문이다. 나의 영이 크게 운행하며 사람들을 내게로 이끌 때와 시기가 곧 이를 것이다. 세상에 놀라운 치유의 역사들이 폭발할 대부흥의 때가 다가오고 있다. 그 부흥은 내가 네게 말해 준 것을 통해 임할 것이며, 이 책은 영화로도 만들어질 것이다. 내가 그렇게 만들 것이다. 지금이 바로 세상이 깨어날 때다. 그렇게 해야 사람들이 이 처참한 곳에 오지 않게 될 것이다."

그 후 예수님이 말씀하셨다. "이제 돌아가야 할 시간이구나. 꽤 오랫동안 여기 있었지." 나는 지쳐 있었고 너무 무서웠기 때문에 매우 기뻤다. 하지만 밤에 예수님이 나를 만지시며 "평안하라"고 말씀하실 때면, 놀라운 평강이 홍수처럼 내게 임하곤 했다.

예수님이 "가자." 하고 말씀하시자, 눈 깜짝할 사이에 우리는 지옥에서 빠져나왔다. 예수님은 정말 빠르게 움직이셨고, 그분에게는 정말 놀라운 권세가 있었다. 그분이 집 앞에 내려오셨을 때에도 나는 여전히 영의 상태로 있었다. 그분의 권세로 나는 침실로 돌아왔다. 그 후 그분은 떠나셨고, 나는 사람의 모습으로 돌아와 침대에 앉아 울기 시작했다.

지옥의 경험을 말하는 것이 내게는 너무 어려운 일이다. 그곳을 묘사하는 것도 쉽지 않다. 이러한 어려움 때문에 이 진리가 세상에 널리 퍼질 수 있게 기도를 부탁한다. 그리고 아직 예수 그리스도를 당신의 구원자로 받아들이지 않았다면, 지금 바로 주님께 죄를 회개하고, 용서를 구하라. 마음에 그분을 모셔 들이고 영혼의 구원을 받으라. 당신의 생명을 그분께 드리고 성령으로 세례를 베풀어 달라고 구하라.

하나님의 성령이 당신을 도우실 것이다. 유혹을 받아 죄를 범하고 싶어지면, 성령님이 당신에게 맞설 힘을 주실 것이다. 미혹당할 때나 환난당할 때 하나님을 찾으면, 그분이 건져 주실 것이다. 넘어지면 그분이 다시 일으켜 주실 것이다. 하늘에 계신 아버지께 돌아가는 것을 두려워하지 말고, 마음을 고집스럽게 하지 말라. 그분께 돌아가면 용서해 주실 것이다.

환난 날에 나를 부르라 내가 너를 건지리니 네가 나를 영화롭게 하리로다 시 50:15

사탄은 자신을 섬기고 경배하면, 이생에서 좋은 것들로 보상하고 다음 생에서 나라를 줄 것처럼 사람들을 속인다. 나라에 대한 그의 약속은 거짓말이다. 그것은 하늘에 계신 아버지께서 우리에게 나라를 주실 것이라는 예수님의 약속을 모방한 것에 불과하다. 사탄은 사람들을 파멸시키기 전에 자기 목적을 위해 이용하고 싶을 뿐이다. 그들은 사탄에게 아무런 '특별대우'도 받지 못하고 영원히 고통만 받게 된다. 현재 주술에 관련되어 있거나 사탄을 추종하고 있다면, 즉시 회개하라. 하나님이 예수님 안에서 당신을 용서하시고 정결하게 해 주실 것이다. 오직 하나님만이 그 나라를 주신다는 약속을 지키신다.

다만 너희는 그의 나라를 구하라 그리하면 이런 것들을 너희에게 더하시리라 적은 무리여 무서워 말라 너희 아버지께서 그 나라를 너희에게 주시기를 기뻐하시느니라 너희 소유를 팔아 구제하여 낡아지지 아니하는 배낭을 만들라 곧 하늘에 둔 바 다함이 없는 보물이니 거기는 도둑도 가까이 하는 일이 없고 좀도 먹는 일이 없느니라 너희 보물 있는 곳에는 너희 마음도 있으리라 눅 12:31-34

A Divine Revelation of Satan's Deceptions

Part 2

하나님의
열쇠와
은사를
되찾으라

CHAPTER

하나님 나라의 열쇠들

경고하라

나는 다시 지옥을 예수님과 함께 걷고 있었다. 그리스도께서는 희고 긴 옷을 입으셨고 샌들을 신고 계셨다. 그분께는 아름답고 달콤한 기름부음이 있었고, 큰 사랑이 흘러넘쳤다. 하지만 그 얼굴은 슬퍼 보였고, 눈에는 근심이 가득했다. 그분의 왼편 아래 골짜기에서는 해골들이 불에 타며 비명을 지르고 있었고, 앞쪽에는 구덩이와 감옥들이 있었는데, 그곳에서도 해골들이 불에 타며 비명을 지르고 있었다. 그리고 귀신들이 그들을 지켜보며 비웃고 조롱하고 있었다. "우리가 너희를 속였지. 우리가 너희를 속였어."

나는 예수님의 손을 꼭 잡았다. 우리는 계속 걸어서 또다시 마르고 황폐한 산에 이르렀다. 그곳은 아주 넓은 곳으로 암석 투성이에 산 위로는 길이 많이 나 있었다. 예수님은 언제나 밝은 빛을 비추시며 뭔가를 보여 주시곤 했는데, 그분이 팔을 드시자 오른편 흑암 가운데 큰 구멍이 나타났고, 우리는 걸음을 멈췄다. 예수님은 이렇게 말씀하셨다. "캐서린, 내 백성에게 경고해 다오. 내 거룩한 산에서 나팔을 불며 그들에게 이곳에 대해 말해 다오. 내게 네게 보여 주고 말해 준 것들을 그들에게 전해 다오. 나의 말이 그 모든 것을 입증할 것이다. 이 계시들은 내 아버지께서 네게 주신 것이니 세상에 알려라. 자, 이제 보고 듣고 배워라."

시온에서 나팔을 불며 나의 거룩한 산에서 경고의 소리를 질러 이 땅 주민들로 다 떨게 할지니 이는 여호와의 날이 이르게 됨이니라 이제 임박하였으니 욜 2:1

원수를 결박하라

커다란 구멍 속으로 많은 귀신들이 보였다. 크기가 굉장히 다양했는데, 키가 약 0.6미터에서 4.5미터 되는 것들도 있었다. 키가 큰 귀신들 중에는 머리에 뿔이 난 것도 있었고, 크고 넓적한 얼굴에 커다란 이빨과 송곳니가 발달해 있었다. 그들의 거대한 몸집은 온통 털로 덮여 있었고, 갈고리 같은 긴 손에, 등에는 면도날 같은 것이 달려 있었으며, 커다란 다리와 발을 가지고 있었다. 귀신들 중에는 머리가 세 개인 것도 있었고, 발이 여섯 개, 세 개, 두 개, 한 개인 것들도 있었다. 또 팔이 하나이거나 두 개, 여섯 개인 것도 있었다. 어떤 귀신들은 날개가 여섯 개였고, 또 다른 것들은 열 개였다. 날카로운 면도날 같은 것이 달린 길고 가는 꼬리 모양도 있었다. 뱀 모양에 뱀의 머리처럼 보이는 날개가 달린 것들도 있었다. 그것들은 사악한 눈에 송곳니가 발달해 있었고 입에서는 불을 뿜었다.

나는 몸을 떨며 물었다. "예수님, 어째서 제게 이런 것을 보여 주시는 건가요?" 그분은 이렇게 말씀하셨다. "캐서린, 여기는 사탄의 왕국이란다. 사탄은 어둠 속에서 활동하며 미혹하지. 그는 귀신들을 보내 사람들을 마약이나 술에 빠뜨린 다음, 가족들을 학대하게 만든다. 그래서 내가 너에게 내 이름 예수 그리스도를 준 것이다. 이제 너는 권세를 가지고 이런 것들을 묶을 수 있다. 그리고 저 귀신들을 결박할 수 있다."

나는 귀신들 중 하나를 보고 있었는데, 어디선가 크고 시커먼 불의 사슬이 나타나더니 그것을 결박했다. 귀신은 소리 지르며 꼬꾸라져서 움직이지 못했다. 다른 귀신들은 멀리 도망쳤다. 예수님이 말씀하셨다. "땅에 있는 내 자녀 중 한 명이 나 곧 예수 그리스도의 이름으로 이 귀신을 결박하고 있는 것이다." 결박된 귀신은 화염에 휩싸이더니 재가 되어 사라졌다. 내가 "주님, 재가 됐어요." 하고 말하자, 예수님이 말씀하셨다. "그렇다. 나는 이것들이 다 재가 되기를 바란다. 이제

가자." 악한 귀신이 재가 된 곳을 지나칠 때, 열풍이 불어와 그 재를 날려 버렸다(말 4:3).

> 예수께서 이르시되 사탄이 하늘로부터 번개같이 떨어지는 것을 내가 보았노라 내가 너희에게 뱀과 전갈을 밟으며 원수의 모든 능력을 제어할 권능을 주었으니 너희를 해칠 자가 결코 없으리라 그러나 귀신들이 너희에게 항복하는 것으로 기뻐하지 말고 너희 이름이 하늘에 기록된 것으로 기뻐하라 하시니라 눅 10:18-20

나는 나의 왕과 함께 계속 걸었다. 하지만 나는 지쳐 있었다. 이제까지 본 모든 귀신들을 떠올리자, 다시 몸이 떨렸다. 귀신들을 묘사하는 만화가들은 자신이 무엇을 그리고 있는지 결코 알지 못할 것이다. 땅에는 미혹하는 권세들이 너무나 많다.

예수님이 말씀하셨다. "보고 듣고 배워라." 그분이 손을 다시 드시자 커다란 구멍이 나타났는데, 이번에는 세상이 보였다. 그곳은 대형 마트 내부로, 사람들이 쇼핑 카트를 밀고 다니면서 장을 보고 있었다. 나는 거기서 여러 가족을 보았다. 갑자기 커다란 귀신들이 몇 사람 주변에 나타났다. 그중 하나가 한 여인을 술 파는 코너로 데려가더니 그녀의 귀에 대고 속삭였다. "이걸 집어. 너도 원하잖아. 마시면 기분이 좋아질 거야." 그녀는 안 된다고 머리를 흔들며 계속 걸어갔다. 그러자 더 큰 귀신이 카트 앞에 나타나서 그것을 멈춰 세우고는 그녀에게 뭐라고 속삭였다. 그러자 그녀는 다시 돌아가서 술을 샀다. 예수님의 말씀에 따르면, 이런 귀신들은 하나씩, 둘씩, 셋씩, 넷씩, 다섯씩, 여섯씩 짝을 지어 일하는데, 때와 상황에 따라 다른 종류가 활동하면서 사람들을 미혹하여 죄에 빠뜨리고 그들의 삶과 가족들을 파멸시킨다고 한다.

그 후 예수님은 또 다른 환상을 보여 주셨다. 많은 자동차들이 고속도로를 달리고 있었다. 예수님은 한 차에 주목하게 하셨다. 차 안에는 세 명의 귀신이 있었다. 그중 하나가 속삭였다. "자, 이리저리 곡예 운전을 하면서 이 쓰레기들을 다 치워 버리자." 다른 차 안에서는 더 큰 귀신이 웃으며 운전자에게 이렇게 말하고 있었다. "저것들을 다 받아서 죽여 버려." 그 후 두 자동차가 옆으로 빠져나오더니 충돌했다. 차들이 뒤집히면서 운전자들은 그 자리에서 죽었다. 미혹하는 권세와 악의 세력들이 어둠 속에서 이런 식으로 속삭이고 있었던 것이다. 나는 말했다. "우리는 세상 법을 준수해야 해요. 세상 법을 무시하면, 우리가 사는 세상은 무법천지가 되고 말 거예요."

나는 예수님과 함께 성령에 사로잡혀 있었다. 우리는 세상의 어느 술집에 있었던 것 같다. 예수님은 내가 그 안을 들여다볼 수 있게 해 주셨다. 귀신들이 어둠 속 여기저기에 앉아서 사람들에게 속삭이고 있었다. "술을 좀 더 마시고 계속 논쟁하지 그래." 이 귀신들은 일부 사람들의 몸을 들락날락하고 있었는데, 나는 그 이유가 궁금해졌다. 거기에는 여인들도 있었다. 예수님이 말씀하셨다. "그들은 원수가 하고 싶은 대로 할 수 있게 문을 열어 주었단다." 나는 나도 모르게 한숨을 쉬었다. 그분은 이렇게 말씀하셨다. "내 딸아, 누군가 경고하지 않으면, 그들은 결국 지옥에 떨어질 것이다. 그들은 회개하고 내게 돌아와야 한다. 그러면 내가 나의 말씀과 언약과 보혈로 그들을 보호할 것이다."

나는 거듭해서 거룩하신 하나님의 말씀을 가르쳐 주고 당신을 악에서 지켜 줄 좋은 교회에 출석할 것을 강권한다.

이후 예수님과 나는 갈라지고 불에 탄 지옥 땅을 걷고 있었다. 우리가 걸음을 멈춘 곳에는 수많은 화염이 솟아오르고 있었고 여러 개의 감옥이 보였다. 예수님이 내게 감옥 안을 들여다보라고 말씀하셨다. 감옥 안에는 고속도로에서 충돌한 사람들이 있었다. 마트에 있던 여인과 다른 장면에서 본 사람들도 있었다. 잠시 그 영혼들이 육신을 입고 있는 것처럼 보여서 그들이 누군지 알아볼 수 있었다. 그러나 육체는 곧 뼈로 변했고, 뼈에는 벌레들이 들끓었다. 죽은 영혼들의 비명이 들려왔다. 그들은 외쳤다. "어째서 아무도 내게 경고해 주지 않은 거지? 왜 아무도 내게 이런 곳이 있다고 말해 주지 않은 거야?"

주님이 나를 보시며 말씀하셨다. "캐서린, 너는 사람들에게 경고해야 한다. 지옥이라 불리는 이 장소에 대해 그들에게 전하거라. 마귀들이 사람들에게 많은 계략을 쓰고 있다. 나는 너에게 마귀를 결박하고, 사람들에게 나의 능력을 풀어 놓아 그들을 자유롭게 할 수 있는 권세를 주었단다. 나는 너에게 새롭게 기름을 부어 이 새로운 계시를 나누게 할 것이다. 내 딸아, 내가 더 큰 능력으로 네게 기름을 부어 사로잡힌 자들을 풀어 주게 하겠다."

주의 성령이 내게 임하셨으니 이는 가난한 자에게 복음을 전하게 하시려고 내게 기름을 부으시고 나를 보내사 포로 된 자에게 자유를, 눈먼 자에게 다시 보게 함을 전파하며 눌린 자를 자유롭게 하고 눅 4:18

    내 마음은 온통 마귀에게 사로잡혀 있는 이들에게로 향했다. 나는 예수님을 바라보며 말했다. "감사합니다, 나의 주님. 감사해요. 감사해요." 우리는 계속 걸었다. 나는 속으로 생각했다. '나는 한때 실수도 저질렀는데, 주님은 어째서 이런 나를 사용하시는 걸까?'
    그 순간 주님이 걸음을 멈추시고 나를 바라보며 말씀하셨다. "캐서린, 내 아버지가 너를 택하셨고 나도 너를 택했단다. 너는 나의 피로 씻음을 받았고 정결하게 되었다. 너는 나의 말씀으로 깨끗해졌다. 나는 네가 과거에 연연하지 않기를 바란다. 그건 이미 지나간 일이다. 내 딸아, 우리는 내일을 바라보며 위대한 소망을 가져야 한단다."

사로잡힌 자들을 풀어 놓는 열쇠

    예수님은 이렇게 말씀하셨다. "이제 사람들이 세상에서 범한 육신의 죄에 따라 다른 차원과 강도의 고통을 당하는 모습을 네게 보여 줄 것이다. 그들 중에는 살인자도 있고 도둑도 있으며, 강도와 사기꾼도 있다. 만일 사람들이 나를 주와 구원자로 영접하고, 내게 마음을 주어 마음과 뜻과 힘을 다하여 나를 사랑하면, 이런 일들을 이길 수 있단다. 캐서린, 나는 사람들에게 주려고 많은 것들을 예비해 놓았다. 나는 너에게 죽은 자들의 거처를 보여 주고 그들이 여기 있는 이유를 알려 줄 것이다. 내가 길이요 진리요 생명이라는 것을 가르쳐 줄 것이다. 나는 누구든지 내게 오는 자들을 결코 외면하지 않을 것이다(요 6:37).

나는 계시를 통하여 사람들에게 내 이름으로 기도함으로 견고한 진들을 무너뜨리고 악의 문을 닫을 수 있는 방법을 알려 줄 것이다. 내 딸아, 나는 오래전에 과테말라의 불타는 떨기나무에서 네게 나타났었다. 나는 사람들에게 하나님 나라의 열쇠에 대해 많은 것들을 가르쳐 주기 원한다. 하나님 나라의 열쇠들은 다음과 같다. '네가 땅에서 무엇이든지 묶으면 하늘에서도 묶일 것이고, 네가 땅에서 무엇이든지 풀면 하늘에서도 풀릴 것이다'(마 16:19; 18:18). 이외에 다른 열쇠들도 많단다." 나는 말했다. "가르쳐 주셔서 감사해요, 예수님. 이 계시에 감사해요, 감사해요, 주님."

예수님이 우리에게 하나님 나라의 열쇠를 주셨기에, 우리는 어둠의 세력에 통치권과 권세를 행사하여 사로잡힌 자들을 자유롭게 할 수 있다. 나는 하나님이 강력하게 기름 부어 주셔서 사람들이 소리 높여 그리스도를 구하는 예배 가운데 사역하고 있다. 사람들은 내게 하나님이 자신을 만지셨고 자유롭게 하셨다고 고백한다. 나는 여러분이 하나님 나라의 열쇠를 사용하여 사로잡힌 자들을 풀어 놓는 방법을 이해할 수 있도록 이 계시 지식을 열어 놓고자 한다.

강력하고 초자연적인 방문을 통해 주님은 내게 하나님 나라의 열쇠를 더 계시해 주셨다. 하나님 나라의 열쇠에 관해 생각하고 연구할수록, 그것이 성령의 다양한 열매들과 비슷하다는 것을 깨닫게 되었다(갈 5:22-23). 묶고 풀고, 예수님의 이름의 권세를 사용하는 것 외에도 다음과 같은 열쇠들이 있다.

- **순종** – 하나님께 순종하여 그분이 우리에게 하라고 하신 것은 무엇이든지 하는 것이다. 실패하더라도, 곧바로 일어나서 회개하고 용서를 구한 후 계속 나아가는 것이다.
- **긍휼** – 잃어버린 자들, 병든 자들, 눌린 자들을 향해 참된 관심을 보이는 것이다.
- **겸손** – 하나님 앞에서 겸손한 마음을 갖는 것이다.
- **사랑** – 하나님이 우리를 사랑하신 것처럼 다른 사람들을 사랑하는 것이다.

우리가 하나님께 순종하고, 사람들을 향해 커다란 긍휼을 가지며, 하나님의 관점에서 스스로를 낮추고, 다른 이들을 사랑할 때, 기적과 기사와 표적이 나타날 것이다.

예수께서 모든 도시와 마을에 두루 다니사 그들의 회당에서 가르치시며 천국 복음을 전파하시며 모든 병과 모든 약한 것을 고치시더라 무리를 보시고 불쌍히 여기시니 이는 그들이 목자 없는 양과 같이 고생하며 기진함이라 이에 제자들에게 이르시되 추수할 것은 많되 일꾼이 적으니 마 9:35-37

주님이 내게 말씀하셨다. "캐서린, 많은 영혼들이 하나님 나라의 열쇠에 대해 듣고 그것을 사용하면, 지옥에 오지 않을 것이다. 나의 많은 사역자들이 삶 가운데 깨어서 세상의 일들을 멀리하고 마음과 뜻과 성품과 힘을 다해 내게 돌아오면, 수많은 사람들이 구원받게 될 것이다. 진실로 하나님 나라의 열쇠에 대한 더 많은 가르침이 있단다. 하지만 딸아, 지금은 계속 가야 한다."

지옥의 모래 늪

우리는 다시 걷기 시작하여 다양한 강도의 불이 활활 타오르고 있는 드넓은 곳에 이르렀다. 거기에는 다양한 크기의 해골들이 울며 이를 갈고 있었다. 벌레들이 그들의 뼈를 뚫고 기어 다니고 있었고, 영혼들은 비명을 지르며 벌레를 끄집어내고 있었다.

그들은 발목에 시커먼 사슬을 차고 있었는데, 그것들은 서로 연결되어 있었다. 화염이 그들 주변에 나타나더니 순식간에 그들을 집어삼켰다. 불꽃은 잦아들다가도 다시 타오르기를 반복했다. 해골들은 모래 늪 같은 곳에 서 있는 듯했다. 가끔 지표 아래로 가라앉았다가 다시 올라오는 해골들이 있었던 것이다.

　화염이 뼈들을 태울 때, 해골들은 비명을 지르며 울부짖었다. "살려 줘! 아무도 내 영혼에 관심이 없는 거야? 살려 줘! 죽을 수도 없어. 어째서 이런 곳이 있다는 경고를 나는 듣지 못했지? 영원한 저주의 장소가 있다는 이야기를 왜 나는 듣지 못한 거야?"

　나는 넓은 곳 사방에 귀신들이 서 있는 모습을 보며 두려움에 떨었다. 그 지역은 마치 말라 버린 호수처럼 보였지만, 해골들이 있는 곳은 습하고 축축했다. 조금 더 자세히 살펴보니, 모래 위로 다시 올라오기 전에 허리나 목까지 빠진 해골들도 있었다. 죽은 자들의 비명과 울부짖음은 상상을 초월하는 것이었다.

　나는 생각했다. '아 하나님, 마약과 술, 성도착, 더러움과 온갖 육체의 일들 같은 정말 끔찍한 일들을 사람들이 행하고 있어요. 이 불들은 하나님의 영원한 심판이고, 하나님의 불은 절대 꺼지지 않지요'(막 9:43-48). 또 다른 귀신들이 영혼들을 벼랑으로 끌고 가서 모래 늪 속에 밀어 넣는 모습에 나는 충격을 받았다. 모래 늪 속에서 죽은 자들의 울부짖음이 새어 나왔다. '아, 하나님. 무슨 고통이 이런가요? 예수님, 무슨 고문이 이래요?'

　예수님은 나를 보시며 말씀하셨다. "내 딸아, 보아라. 나는 나의 말씀을 주었고 나의 이름을 주었으며 나의 피를 주었다. 나는 나의 거룩한 말씀으로 가르치고 알려 주었다. 세상에는 나에 대해 가르치고 전하는 위대한 설교자들과 지도자들이 있단다. 하지만 많은 사람들이 여전히 자기의 악한 길을 사랑하고 있다. 그들은 술에 취해 싸우고, 욕하고, 하나님을 모독하고, 매사 모든 사람에게 악한 말을 하고 있다. 나는 그들에게 그만두라고 애원하며 호소하고 있지만, 그들은 내 말을 듣지 않고 있다. 이것은 그들이 맞이하게 될 최후이다. 이곳이 바로 다른 길로 간 남녀가 오게 될 하나님의 심판 장소란다. 그들은 하나님의 계명보다 육신의 정욕을 더 사랑했다. 남자가 남자를 향하여 음욕이 불 일 듯하며 여자가 여자를 향하여 음욕이 불 일 듯했다.

소돔과 고모라 때와 마찬가지로 수많은 이들이 이 세상 사람들에게 회개를 촉구하고 있다. 듣고 회개하는 이들도 있고, 회개하지 않는 이들도 있다. 하지만 저 모래 늪에서 올라온 영혼들이 사슬에 묶인 채 뼈밖에 없는 팔과 손으로 서로 치고 받으며 비명을 지르고 있는 모습을 보아라. 그것들은 죽은 자들의 해골일 뿐이란다. 그들은 자기 죄 때문에 비명을 지르면서도 여전히 악을 행하고 싶어 한다. 하지만 그럴 수 없지."

나는 속으로 생각했다. 하나님의 말씀을 듣지 않는 남자에게 화가 있고, 경고의 말씀에 주의를 기울이지 않는 여자에게 화가 있다.' 나는 2천 명이 넘는 영혼들이 불에 덮인 채 모래 늪 속으로 빨려 들어가는 모습을 보면서 생각했다. '아 하나님. 우리는 사람들에게 경고해야 해요. 이 끔찍한 장소에 대해 그들에게 말해 줘야 해요.' 나는 하나님이 사람들을 상실한 마음대로 내버려 두신 까닭이 그들이 주님을 거절하고 그분을 알려고 하지 않았기 때문이라는 로마서 말씀이 생각났다(롬 1:18-32).

나는 지옥을 돌아보면서 얼마나 많은 세상 사람들이 그런 상태로 있을 것인지에 대해 생각했다.

오늘날 우리가 살고 있는 세상의 법 중에는 심각할 정도로 악하게 변질된 것들도 있다. 예수 그리스도의 진리는 이 무시무시한 지옥에서 사람들을 구원하기 위해 더 많이 선포되어야 한다. 우리는 사람들을 사랑하고 권하고 인도해야 한다. 그러면 사람들이 자기 죄에서 돌이켜 하나님을 찾게 될 수도 있다. 우리는 하나님의 위로를 전하기 위해 굳게 서야 하고, 살인자들이라 할지라도 그분께 돌아오도록 힘써야 한다. 사람들은 귀신들이 무슨 일을 하고, 어떤 속임수를 사용하는지 알아야 한다. 물론 귀신들이 역사하지 않아도 자의로 악한 일을 행하는 사람들도 있다. 우리는 사람들을 자유롭게 하기 위하여 하나님 나라의 열쇠들을 사용해야 한다.

나는 마음으로 예수님께 엎드린다. 나는 그분을 사랑한다. 그분과 함께 있으려면 대가를 지불해야 한다. 원수는 우리가 예수님과 함께 시간을 보내며 그분께 배우고, 그분의 말씀을 믿으며, 그분의 초자연적 능력을 깨닫게 되는 것을 원하지 않는다.

나는 나의 구원자를 올려다보았다. 그분은 매우 고통스러워 보였다. 잃어버린 영혼들에 대한 아버지의 심판을 지켜보시는 그분의 눈이 매우 슬퍼 보였다. 예수님이 말씀하셨다. "그들이 듣기만 했어도 여기 오지 않았을 것이다. 내가 그들을 위해 모든 일을 행하였다는 것을 깨닫기만 했어도 그들은 나와 함께 영원히 하늘에서 살 수 있었다. 캐서린, 가자. 너에게 더 보여 줄 게 있단다."

하나님이 세상을 이처럼 사랑하사 독생자를 주셨으니 이는 그를 믿는 자마다 멸망하지 않고 영생을 얻게 하려 하심이라 하나님이 그 아들을 세상에 보내신 것은 세상을 심판하려 하심이 아니요 그로 말미암아 세상이 구원을 받게 하려 하심이라 요 3:16-17

삼키는 뱀들

우리는 굽은 길을 따라 걷기 시작했고, 멀리 흑암 속에서 죽은 자들의 울부짖음이 들려왔다. 예수님이 어디로 데려가실지 궁금해하면서 나는 그분의 손을 꼭 잡았다. 나는 너무 무서웠다. 세상에 있는 가족들이 과연 나를 믿어 줄까 궁금했다. 나는 하나님이 우리를 어떻게 지키고 보호하시는지에 대한 성경 구절들을 떠올렸다(시 139:7-10). 또 예수님께서 이 땅에 속히 재림하셨으면 좋겠다는 생각도 했다(계 22:20). 하지만 지옥에서 죽은 자들 사이를 걸으면서 아직도 예수님을 알지 못하는 이 땅의 수많은 사람들에게 이 놀라운 지옥의 계시를 풀어 놓아야 할 막중한 책임이 내게 있다는 것도 생각했다.

우리는 벼랑 꼭대기에 이르러 주변을 둘러보았다. 암흑천지였고 빛이라고는 우리 아래서 활활 타오르는 불이 전부였다. 그 후 나는 산처럼 생긴 것을 보았는데, 마치 폭발하기 직전의 화산 같았다. 벌겋게 달구어진 채 팽창하고 있었고, 아래쪽은 숯 같았다. 나는 주님을 바라보며 물었다. "예수님, 지진이 나려는 건가요?" 예수님이 말씀하셨다. "그렇단다. 그것은 정해진 때에 일어날 것이다. 내 아버지가 이 모든 것들을 통제하고 계시며, 그분은 사람들이 모두 회개하고 돌아오기를 원하신다."

그 후 예수님은 말씀하셨다. "저쪽 길을 보아라." 나는 그분의 오른편에 서 있었는데, 아래쪽은 벼랑이었다. 벼랑이 너무 높아서 나는 너무나 두려웠다. 그래서 그분께 바싹 붙으며 "저건 뭔가요, 예수님?" 하고 물었다. 그분은 "흑암 속을 계속 들여다보라"고 대답하셨다. 나는 멀리 아래쪽을 내려다보았다. 예수님이 말씀하시자 빛이 나타났고 골짜기가 보였는데, 그곳에는 기차만 한 뱀들이 있었다. 똬리를 틀고 있는 것도 있었고 몸을 곧게 뻗은 것들도 있었다. 나는 비명을 질렀다. "예수님, 이게 뭐예요?" 예수님이 말씀하셨다. "나의 교회가 들림 받은 뒤 이 뱀들이 풀려날 것이다(살전 4:15-17). 내 딸아, 이것들은 멸망하게 되겠지만, 그전에 많은 이들을 삼킬 것이다." 나는 신음하듯 말했다. "아 하나님. 하나님, 제발 멈춰 주세요. 제발 이 징그러운 것들을 치워 주세요." 그분은 눈물을 글썽이며 나를 바라보셨다. 그리고 손을 드셨다. 그러자 흑암이 다시 그 뱀들을 덮었다. 하지만 여전히 뱀이 사납게 으르렁거리며 쉭쉭거리는 소리와 하나님을 모독하는 소리가 들려왔다. 나는 뱀이 정말 싫었다.

예수님이 말씀하셨다. "이제 집에 돌아갈 시간이구나. 일단 돌아갔다가 내일 밤에 다시 여기로 오자. 그리스도의 몸과 세상에 대단히 중요한 몇 가지를 네게 보여 주겠다."

하나님의 열쇠와 은사회복하기

지금까지 우리가 살펴본 하나님 나라의 열쇠들은 다음과 같다.

- 묶고 풀기
- 예수님의 이름 사용하기
- 순종
- 긍휼
- 겸손
- 사랑

갈라디아서 5장 22-23절을 읽고 하나님 나라의 열쇠와 성령의 열매가 어떻게 연결되는지 적어 보라. 더욱 준비되려면 하나님 나라의 열쇠를 사용하여 성령의 열매 중 특별한 가치 하나를 집중적으로 훈련하라.

CHAPTER 8

투명한 우리

사로잡힌 은사들

이튿날 밤, 예수님은 나를 다시 지옥으로 데려가신 다음 이렇게 말씀하셨다. "보아라. 여기에는 열리고 풀려야 할 것들이 있다. 하나님 나라의 열쇠들을 가지고 나와 함께 이 문들을 열자." 예수님은 많은 열쇠들을 가지고 계셨다. 나는 예수님께 물었다. "제가 어떻게 하면 되나요, 주 예수님?" 그분은 말씀하셨다. "보고 듣고 배워라."

우리는 사방 수킬로미터에 해골이 쌓여 있고 악취가 진동하는 곳에 이르렀다. 그리스도께서 그곳을 '잔해의 동굴'이라 부른다고 말씀해 주셨다. 그 동굴은 일종의 계시였다. 예를 들어 담장 위의 분노는 인류의 타락을 의미했다. 그곳에는 대략 천 개 정도의 커다란 컨테이너들이 있었는데, 강화 유리로 만들어진 것 같았다.

우리는 걸음을 멈췄다. 유리 컨테이너 일부를 자세히 들여다보며, 나는 어째서 유리가 그렇게 투명하고 그 안에 든 것들이 성물처럼 보이는지 궁금해졌다. 안에는 금으로 된 뿔나팔, 북, 예복, 왕관, 악보, 책 같은 것들이 들어 있었다. 나는 "이건 뭔가요, 주 예수님?" 하고 물었다. 예수님이 말씀하셨다. "이것들은 복음을 증거하라고 내가 나의 교회와 백성들에게 준 은사들이란다. 하나님의 은사에 관해 고린도전서에는 이렇게 기록되어 있다."

> 은사는 여러 가지나 성령은 같고 직분은 여러 가지나 주는 같으며 또 사역은 여러 가지나 모든 것을 모든 사람 가운데서 이루시는 하나님은 같으니 각 사람에게 성령을 나타내심은 유익하게 하려 하심이라 어떤 사람에게는 성령으로 말미암아 지혜의 말씀을, 어떤 사람에게는 같은 성령을 따라 지식의 말씀을, 다른 사람에게는 같은 성령으로 믿음을, 어떤 사람에게는 한 성령으로 병 고치는 은사를, 어떤 사람에게는 능력 행함을, 어떤 사람에게는 예언함을, 어떤 사람에게는 영들 분별함을, 다른 사람에게는 각종 방언 말함을, 어떤 사람에게는 방언들 통역함을 주시나니 이 모든 일은 같은 한 성령이 행하사 그의 뜻대로 각 사람에게 나누어 주시는 것이니라 고전 12:4-11

어떤 컨테이너 안에서는 깨끗하고 아름다운 연기 같은 것이 피어올랐다 사라지곤 했다. 또 다른 컨테이너 속에는 불이 들어 있었다. 나는 각각의 컨테이너 안에 있는 것들이 사탄의 '전리품들'이라는 것을 깨달았다. 주님은 그것들을 원수가 훔쳐 갔다고 말씀해 주셨다. (지옥을 봤다는 다른 분의 글에서 이와 비슷한 내용을 올해 초에 읽었던 것이 어렴풋이 기억난다. 하지만 세세한 내용까지는 기억하지 못한다.)

하나님의 보물 풀어 놓기

나는 몹시 지쳐서 주님께 기대며 말했다. "예수님, 제가 뭘 할 수 있을까요?" 그분은 이렇게 말씀하셨다. "보고 듣고 배워라. 나는 하나님 나라의 열쇠들을 네게 주었다. 나는 네가 영으로 그 열쇠들을 취했으면 한다." 곧바로 내 손에 영적 열쇠가 쥐여졌다. 나는 물었다. "이것을 어떻게 할까요, 예수님?" 그분은 "함께 가자"고 말씀하셨다. 그 후 우리는 크고 투명한 우리 앞에 섰다. 하얀 빛줄기 같은 것이 안에서 움직이고 있었다. 내가 물었다. "이게 뭔가요, 주님?" 그분이 말씀하셨다. "열쇠를 자물쇠에 넣고 나 곧 예수 그리스도, 임마누엘, 예슈아의 이름으로 문을 열어라."

나는 예수 그리스도, 임마누엘, 예슈아의 이름으로 영적인 열쇠를 자물쇠에 넣고 돌렸다. 자물쇠가 열리자 놀랍고도 아름다운 임재가 흘러나왔다. 예수님은 무릎을 꿇으시며 이렇게 말씀하셨다. "캐서린, 나의 영이 다시 한 번 이 땅에 흘러넘쳐 사람들을 회개로 이끌 것이다. 나의 영이 또다시 수많은 사람들을 내게로 인도할 것이다."

강한 바람처럼 아름다운 임재가 솟구쳐 올랐다. 나는 그 임재가 땅을 뚫고 하늘로 올라가는 모습을 지켜보았다. 그러자 예수님이 말씀하셨다. "임재가 아버지께 가고 있구나. 아버지께서 그것을 순결하고 정결하게 하신 후, 천사들이 그것을 관리하게 될 것이다." 우리는 다음 컨테이너로 이동했다. 내가 "예수님, 평생이 걸려도 다 못 볼 것 같아요." 하고 말하자, 그분이 말씀하셨다. "그렇지 않단다. 잠깐이면 된다."

투명한 우리 꼭대기에 왕관이 들어 있었는데, 그 왕관에는 '사탄의 전리품'이라고 적혀 있었다. 그것은 마치 살아 있는 것처럼 공중에 떠다니고 있었고, 보석들이 박혀 있었다. 주님은 이렇게 말씀하셨다. "캐서린, 이 모든 것들은 영적이면서도 자연적인 것이다. 나는 내 백성에게 영광과 의로 관 씌우기를 원하는데, 원수가 수많은 귀신들을 보내어 내 백성을 위해 준비한 충만한 은혜를 가로막고 있다. 나는 네가 그 장애물들을 치워 버렸으면 한다."

내가 그 아름다운 왕관을 물끄러미 바라보고 있자, 예수님이 말씀하셨다. "그것을 잡아라." 다시 내 손에는 영적인 열쇠가 들려 있었다. 예수님이 말씀하셨다. "너는 나 곧 예수 그리스도, 예슈아, 임마누엘의 이름으로 그렇게 할 수 있다." 나는 선포했다. "예수 그리스도, 예슈아,

임마누엘의 이름으로 이곳에서 풀려날지어다!" 그러자 우리의 문이 철커덕 하고 열렸다. 바람이 왕관을 휘감더니 지옥을 뚫고 곧바로 하늘로 올라갔다. 그리고 하나님의 천사들이 그것을 영광 속으로 인도하는 모습이 보였다.

예수님과 나는 마지막 우리로 향했다. 예수님의 불로 사방이 정결해지며 잿더미로 변해 버렸다. 더 이상 고약한 냄새가 나지 않아 나는 기분이 한결 나아졌다. 마지막 우리에도 '사탄의 전리품들'이라고 적혀 있었다. 안에는 화염검과 그 위쪽으로 성경 한 권이 놓여 있었다. 그것들은 마치 살아 있는 것처럼 허공에서 움직이고 있었다. 예수님이 말씀하셨다. "여기 열쇠가 있으니, 똑같이 해 보아라." 나는 "예수 그리스도, 임마누엘, 예슈아의 이름으로 하나님의 영광을 위하여 내가 이 문을 여노라. 예수님의 이름으로 기도합니다." 하고 선포했다. 그러자 문이 철커덕 하고 열리며 그리스도와 내 주위로 바람이 휘몰아쳤고, 우리는 곧 지옥에서 들림 받아 땅 위 하늘로, 은하계로 날아 올라갔다.

그 바람은 예수님께 속한 것이었다. 화염검이 은하계에 걸려 있는 것을 보면서 나는 궁금해졌다. '검이 불타고 있고 말씀이 그 위에 있다. 이건 뭘까?' 그러자 예수님이 내게 말씀하셨다. "그것은 나의 말씀이란다. 나의 말씀이 다시 회복될 것이다. 화염과 검 모두 하나님의 불을 뜻한다. 내 딸아, 불이 어둠과 귀신들을 가를 것이다." 그러자 갑자기 천사들이 나타나 그 칼을 들고 하늘로 올라갔다. 예수님이 말씀하셨다. "그것들은 깨끗하고 정결하게 될 것이다."

> 모든 것 위에 믿음의 방패를 가지고 이로써 능히 악한 자의 모든 불화살을 소멸하고 구원의 투구와 성령의 검 곧 하나님의 말씀을 가지라 모든 기도와 간구를 하되 항상 성령 안에서 기도하고 이를 위하여 깨어 구하기를 항상 힘쓰며 여러 성도를 위하여 구하라 엡 6:16-18

나는 주님을 바라보며 생각했다. '예수님, 제가 누구이기에 저를 통해 이런 일을 행하려 하시나요?' 그러자 그분이 대답하셨다. "작은 자야, 내가 너를 택했다. 나는 너를 사랑한다. 내가 네 젊음을 회복시키고 네게 힘을 주며 네 몸을 낫게 할 것이다. 사람들은 네가 이 땅에 보일 표적에 놀라게 될 것이다." 나는 "감사합니다, 하나님. 감사합니다. 주님, 주님을 사랑합니다." 하고 대답했다. 예수님이 말씀하셨다. "내 딸아, 이제 집으로 돌아갈 시간이구나. 내일 다시 이 동굴로 돌아오자." 그 후 나는 집으로 돌아왔다.

예수님은 그날 밤 내가 본 것이 영적인 것이자 자연적인 것이라고 말씀하셨다. 나는 땅에 있는 것들의 상태를 변화시키려고 초자연적인 열쇠들을 사용하고 있다. 사탄이 강탈해 간 것들은 하나님 나라의 열쇠와 예수 그리스도의 전능하신 이름으로 풀려나야 한다. 나는 왕과 함께 걸으며 매일 그분의 말씀을 듣는 것이 얼마나 중요한지 새삼 깨닫게 되었다. 나는 이 모든 것들에 관해 생각하며, 마귀가 사람들에게 마음의 병과 우울증 등을 유발하여 그들의 은사를 포기하게 만들 뿐 아니라 결국 **빼앗아** 간다는 사실을 알게 되었다. 이제 이와 같은 은사들이 다시 세상에 풀려나야 할 때이다.

하나님의 열쇠와 은사 회복하기

하나님이 그분의 교회를 세우고 잃어버린 자를 찾도록 당신에게 주신 은사는 무엇인가? 당신은 그것을 사용하고 있는가? 그렇지 않다면 이유는 무엇인가? 낙심하고 우울에 빠져 그 은사들을 사용하지 않음으로 그냥 사라지게 방치했다면, 하나님께 용서를 구하고 다시 회복시켜 달라고 청하라. 예수님의 이름으로 그 은사들을 원수의 견고한 진에서 풀어 놓으라. 하나님이 그분의 영광을 위하여 당신이 그 은사들을 사용하기를 얼마나 바라시는지 깨닫게 해달라고 구하라.

CHAPTER 9

자신의 영광을 구하시는 하나님

이튿날 밤, 예수 그리스도께서 내게 오셨고 우리는 끔찍한 동굴로 다시 돌아갔다. 앞서 나는 그 동굴에서 사탄이 하나님의 백성에게서 훔쳐 간 은사들이 들어 있는 투명한 우리들을 봤다. 그곳을 둘러보면서 나는 내가 얼마나 자주 내 은사를 포기해 버렸는지 생각했다. 나는 하나님께 귀 기울이지 않았고 기도하지 않았으며 기록하지 않았다. 주님은 내가 기록하지 않은 많은 것들과 다른 사람들과 관련된 많은 것들을 보여 주시며 말씀하셨다. 나는 하나님께 나를 온전히 내어 드리는 것이 정말 중요하다는 사실을 깨달았다.

하나님이 주신 은사의 회복

예수님과 나는 또 다른 우리를 들여다보았다. 다른 곳과 마찬가지로 거기에도 '사탄의 전리품들'이라고 쓰여 있었다. 안에는 책과 펜들이 공중에 매달려 있었다. 책이 펼쳐질 때마다 그 안에 담긴 하나님의 계시적 지식과 지혜가 보였고, 그 표지는 금색이었다가 은색으로 변하곤 했다. 이것은 상급을 받게 될 자들의 책으로, 하나님은 사람들이 이 책들을 기록하기 바라셨다.

내가 그것을 보고 있을 때 예수님이 말씀하셨다. "영적인 열쇠를 잡아라." 다시 내 손에 영적인 열쇠가 나타났다. 이어서 그분은 말씀하셨다. "이제 내 이름으로 그 문을 열어라." 나는 자물쇠에 열쇠를 넣고 돌리며 전능하신 예수님의 이름으로, 예슈아, 임마누엘의 이름으로 열리라고 명령했다. 문이 열리기 시작하며 바람이 불어오더니, 마침내 활짝 열렸다. 바람이 즉시 책들을 지옥에서 꺼내어 터널 같은 곳을 통해 하늘로 올려 버렸다. 천사들이 그 책을 받아 깨끗하게 한 다음 아버지께 가져갈 것이다.

나는 빼앗긴 은사들을 하나님께서 풀어 놓으시는 모습을 보며 흥분했다. 그 은사들은 사실 하나님이 예수 그리스도의 복음을 전하라고, 즉 사람들에게 천국과 지옥에 대해 전하고 그분의 다시 오심을 선포하라고 교회에 주신 것들이었다. 나는 울면서 생각했다. '내가 조금만 더 순종했더라면, 마귀가 하나님의 은사들을 훔쳐 가지 못했을 텐데.'

하나님은 그분의 백성에게 은사들을 회복시키시고 다시 돌려주실 것이다. 또 마귀의 권세를 잿더미로 만드실 것이다. 지금이 그가 심판받을 때이기 때문이다. 이제 하나님의 말씀이 온 세상에 퍼져 나가면서 하나님의 영광이 이 땅 가운데 더 놀랍고 위대하게 회복될 것이다. 나는 이것을 알고 있었다. 성령님은 내 인도자요 선생님이시다. 그분은 내가 당신을 위해 이 계시를 기록하는 지금 이 순간 나와 함께하고 계신다.

다음 우리 쪽으로 가면서 나는 '저 안에 있는 건 또 뭐지?' 하고 생각했다. 예수님이 내게 물으셨다. "캐서린, 이 안에 있는 게 뭐라고 생각하느냐?" 처음에는 아무것도 보이지 않았다. 그러다가 뭔가를 보긴 했는데, 분명하지는 않지만 구름 같은 것이었다. 나는 예수님께 우리 안에 있는 게 뭔지 물었다. 그분이 말씀하셨다. "그것이 투명한 유리 안에 갇혀 있는 이유는 사탄이 하나님의 은사들로 저지른 일들을 생각하며 기념하고 즐기기 위해서이다. 하지만 이제 그것들은 자유롭게 놓임을 받아 세상으로 돌아갈 것이고 나의 아버지가 그것들을 깨끗하게 하실 것이다."

내가 우리 안을 들여다보자 안에 있던 것이 다시 사라졌다. 어떤 어둠 같은 것에 이어 흰색 물체가 보였다. 그것이 도대체 무엇일까 생각하고 있을 때, 예수님이 말씀하셨다. "캐서린, 잘 살펴보고 내 이름으로 그 어둠을 꾸짖어라." 나는 "아버지, 전능하신 예수님의 이름으로 내가 이 어둠을 꾸짖습니다!" 하고 선포했다. 그 순간 어둠이 날아가 버렸다.

예수님이 말씀하셨다. "이것은 분별의 은사다. 이 땅에서 참된 분별이 사라졌다. 마귀에게 미혹을 당하지 않게 하는 이 은사는 그리스도의 몸에서 대단히 중요한 것이란다. 성령님이 행하시는 이 은사를 원수가 빼앗아 가서 거짓을 섞어 버렸다. 원수가 사람들을 혼미하게 하려고 그것들을 섞은 것이다. 이제 영적인 열쇠를 잡고 이 문을 열어라."

나는 자물쇠에 열쇠를 넣고 돌리며 이렇게 선포했다. "예수 그리스도의 이름으로, 임마누엘의 이름으로, 예슈아의 이름으로 내가 이 문을 열고 이곳의 은사를 풀어 놓노라." 문이 열리자 전처럼 바람이 불어왔다. 분별의 은사 주변으로 미풍이 부는 듯하더니 우리 위로 솟구쳐 올라 하늘로 빨려 들어갔다. 천사들이 뚜껑 있는 커다란 유리 그릇에 그것을 모아 담았다. 나는 말했다. "주님, 분별이 정말 중요하군요." 그분이 대답하셨다. "이것은 힘이나 능력으로 되지 아니하고 오직 나의 영으로 된다고 주께서 말씀하셨다(슥 4:6). 또한 나는 나의 영이 어떤 거짓된 것과도 혼합되지 못하게 할 것이다. 이제 진리의 영, 계시의 영, 성령의 은사의 영이 교회와 이 땅에 회복될 것이다." 나는 크게 숨을 내쉰 후 다음 우리로 걸음을 옮겼다.

> 이새의 줄기에서 한 싹이 나며 그 뿌리에서 한 가지가 나서 결실할 것이요 그의 위에 여호와의 영 곧 지혜와 총명의 영이요 모략과 재능의 영이요 지식과 여호와를 경외하는 영이 강림하시리니 그가 여호와를 경외함으로 즐거움을 삼을 것이며 그의 눈에 보이는 대로 심판하지 아니하며 그의 귀에 들리는 대로 판단하지 아니하며 사 11:1-3

내가 물었다. "주님, 이 우리 안에는 무엇이 있나요?" 예수님은 내게 금빛과 은빛으로 빛나는 기타들을 보여 주셨다. 거기에는 악기가 든 열두 개의 우리가 있었다. 예수님이 말씀하셨다. "사탄이 하나님께 드려야 할 참된 찬양과 음악을 훔쳐 갔다. 이것이 회복되어야 한다. 이제 열쇠를 잡고 그것들을 열어라." 나는 영적인 열쇠를 들고 가서 선포했다. "전능하신 예수님, 임마누엘, 예슈아의 이름으로 이것을 풀어 놓노라." 자물쇠에 열쇠를 넣고 돌리자 하나님의 권능이 임하면서 그 악기들이 지옥에서 솟구쳐 하늘 위로 올라갔고, 천사들이 그것들을 받았다. 열두 개의 우리를 영적인 열쇠로 모두 여는 동안 같은 일이 벌어졌다. 나는 이렇게 선포하기도 했다. "예수 그리스도, 임마누엘, 예슈아의 이름으로 내가 이 은사를 아버지께 돌려보내니 회복될지어다." 예수님이 무엇을 말해야 할지 알려 주실 때도 있었다. 그분은 말씀하셨다. "캐서린, 너는 지금 사탄의 속박에서 이 은사들을 풀어 놓고 있다. 이 은사들은 다시 회복되어 풀어질 것이다." 나는 "주님, 찬양합니다. 하나님, 찬양합니다." 하고 화답했다.

우리는 계속 걸어서 다른 유리 우리가 있는 곳에 이르렀다. 거기에는 헤아릴 수 없이 많은 우리가 있었다. 나는 열쇠를 들고 예수님이 명령하신 대로 말하곤 했다. 어떤 우리 안에서는 아름다운 비단 옷이 떠다니고 있었다. 그것은 화사한 흰색 옷으로, 가장자리가 금으로 장식되어 있었고 가끔씩 붉은빛이 감돌았다. 그리고 금강석과 진주를 포함한 상상할 수 없이 진귀한 갖가지 보석들이 박혀 있었다. 나는 열쇠를 잡고 선포했다. "예수 그리스도, 예슈아, 임마누엘의 이름으로 내가 이것을 사탄의 사로잡힘에서 풀어 놓노라." 내가 문을 열자 그 옷이 우리에서 빠져나왔고 예수님이 탄성을 지르셨다! 옷은 하늘로 올라갔는데, 비둘기가 함께 날아가는 것처럼 보였다. 예수님은 그것이 의의 옷이었다고 말씀해 주셨다. 수많은 하나님의 백성들이 죄와 육신의 즐거움에 빠져 경건한 삶을 살고 있지 못하지만, 이제 교회에 의가 회복될 것이다.

예수님과 나는 구원의 옷을 가두고 있던 유리 우리를 지나 또 다른 우리에 이르렀다. 그 안에는 비둘기 같은 것이 울고 있었다. 그것들을 풀어 놓은 다음, 사람의 영처럼 보이는 것이 겸손하게 머리를 숙이고 울고 있는 우리에 이르렀다. 하나님은 그것이 무엇인지 내게 말씀해 주지 않으셨다. 하지만 예수님이 그것을 풀어 주시자, 다른 모든 것들과 마찬가지로 우리에서 빠져나와 강한 회오리바람을 타고 동굴 위로 솟아올랐다. 그리고 천사들이 공중에서 그것을 받았다.

수일간 예수님과 나는 이렇게 투명한 우리 사이를 걸어 다녔다. 그분이 내 손에 영적인 열쇠를 쥐여 주시면 나는 즐겁게 그 문들을 열었다. 어떤 우리는 은금으로 가득했다. 예수님은 이렇게 말씀하셨다. "캐서린, 사탄이 많은 이들의 돈과 재정을 결박했으나 나의 말씀은 참되다. 나는 은혜를 주겠다고 말했다. 나는 내 백성을 회복시키고 그들에게 재물을 주어 나의 복음을 전하게 할 것이다. 이 영적인 열쇠를 받아라." 나는 예수님께 열쇠를 받아 "예수, 임마누엘, 예슈아의 이름으로" 선포하려고 했다. 그런데 이번에는 예수님이 "하나님께 영광을 돌리며 이것을 풀어 놓는다"는 말을 덧붙이라고 말씀하셨다. 내가 자물쇠에 열쇠를 넣고 돌리자 문이 열렸다. 주님의 영광이 너무나 강력했고, 바람이 불어와 은금 전부를 들어 동굴을 뚫고 하늘로 실어 날랐다. 하늘에는 그 은금을 다 실을 수 있을 정도의 마차와 말들이 준비되어 있었다. 마차를 모는 자가 외쳤다. "하나님께 영광을!" 세상은 하나님이 진실로 그분의 영광을 풀어 놓으신다는 것을 알아야 한다.

> 이는 물이 바다를 덮음같이 여호와의 영광을 인정하는 것이 세상에 가득함이니라 합 2:14

도둑이 붙잡히다

어떻게 표현해야 할지 모르겠지만, 예수님은 '더 많은 것'을 갖고 계신 것처럼 보였다. 그분은 지혜와 총명으로 충만하시지만, 한편으로는 매우 단호해 보였다. 나는 또 다른 우리를 들여다보았다. 공중에 열방의 성경들이 걸려 있었다. 주님이 말씀하셨다. "사탄이 나의 말씀을 희석시켰다. 그런데 그 도둑이 붙잡혔단다. 캐서린, 내가 이 땅에 풀어 놓을 계시로 사람들은 마귀가 얼마나 악한지 알게 될 것이다. 그들은 또한 내게 부르짖고 다시 나를 찾게 될 것이다. 사탄은 내 백성의 눈을 내게서 돌린 다음, 변질된 말씀을 전하고 있다."

예수님이 내게 주신 영적인 열쇠, 곧 하나님 나라의 열쇠를 가지고 나는 예수 그리스도, 예슈아, 임마누엘의 이름으로 문을 열었다. 문이 활짝 열리자, 바람이 불어와 성경들을 지옥에서 끄집어내어 곧장 하늘 높은 곳으로 인도했다. 다른 때와 마찬가지로 천사들이 그것을 회수하러 왔다. 천사들은 작고 아름다운 유리 용기에 모든 성경을 담은 다음 하늘로 올라갔다. 주님이 말씀하셨다. "캐서린, 주 너의 하나님께서 말씀하신다. 네가 이것을 쓰고 기록하는 2013년에 큰 부흥이 임하게 될 것이다. 그것은 이것이 계시되고 있기 때문이란다."

우리는 다음 우리로 이동했다. 그 우리는 불로 가득했다. 예수님이 말씀하셨다. "나의 말씀은 소멸하는 불이신 하나님에 대해 이야기한다. 그리고 성령의 불과 임재에 대해, 그것이 무엇을 정결하고 깨끗하게 하는지에 대해 말한다. 또한 말라기에서는 악인들이 재가 될 것이라고 한다." 예수님은 내게 '재'라고 말하게 하셨다. 그래서 나는 "재!" 하고 외쳤다. 예수님은 계속 말씀하셨다. "악인들의 발아래 영혼들이 짓밟히고 있다. 나의 성도들이 이 계시에 따라 나를 찾지 않고 있기 때문이다. 하지만 나는 그들에게 열쇠를 주었다. 성령세례를 통해 불을 주었다. 사도행전에서는 불의 혀처럼 갈라지는 하나님의 불이 제자들의 머리 위에 임하기도 했다(행 2:1-4).

캐서린, 여기 있는 이 불은 드러나지 않고 비밀로 간직되어 왔고, '사탄의 전리품'이라 불리기도 했다. 세상에는 많은 사람들이 있지만 오직 소수만이 이 계시를 깨달았기 때문이란다. 하지만 이것은 나의 자녀들에게 가장 강력한 은사이자 사랑의 은사이다. 네 마음을 정결하게 해라. 너는 이 불을 사용하여 정결하게 살아야 한다. 내 딸아, 이제 내가 그것을 풀어 놓을 것이다. 주 너의 하나님이 말씀하신다. 이 불은 온 땅으로 퍼져 나가며 부흥을 가져올 것이다. 가뭄을 완전히 끝내 버릴 것이며 귀신의 권세들을 멸할 것이다. 지금이 바로 그들이 심판받을 때란다. 이는 내가 십자가에서 피 흘렸기 때문이다. 많은 이들이 이 계시를 깨닫지 못하고 있다. 하지만 그들은 나의 이름을 사용하여 어둠을 사를 불을 보내 달라고 아버지께 구할 수 있고, 아버지는 그렇게 해 주실 것이다."

예수님이 수치를 당하시고, 친히 세상의 죄를 담당하셨으며, 십자가에서 죽으시고, 사탄과 그의 사자들을 멸하시는 비싼 대가를 지불하셨기에 우리는 그분 곧 주 예수 그리스도의 이름으로 원수를 무찌를 수 있다. 그러나 우리는 그분의 이름을 사용하기를 소홀히 했고, 원수의 일을 멸하시는 하나님의 불의 권능을 깨닫지 못했다. 우리는 어둠의 세력을 사르는 불을 보내 달라고 주님께 구해야 한다.

내가 깨닫지 못한 것을 용서해 달라고 구하자, 예수님이 말씀하셨다. "내 딸아, 우리는 연기와 어둠 가운데 있던 빛이 우리 안에서 풀려 나는 모습을 보았다. 그것은 바로 깨달음을 위한 것이었단다." 그분의 얼굴이 빛나고 있었다. 나는 물었다. "예수님, 이 일로 인해 주님은 정말 행복하시군요." 예수님이 말씀하셨다. "그렇단다. 이 영적인 열쇠를 가지고 나의 이름으로 이것을 열어라." 나는 그분에게 받은 하나님 나라의 열쇠를 가지고 예수 그리스도, 예슈아, 임마누엘의 이름으로 불이 감금된 곳의 문을 열었다. 문이 열리며 바람이 불어오자, 그 바람이 예수님과 나와 불을 사로잡았다. 우리는 동굴을 뚫고 땅속을 지나 지상 그리고 지구가 저 멀리 보이는 은하계로 날아갔다. 예수님이 말씀하셨다. "보아라, 천사들이다." 많은 천사들이 소리치며 불 속에서 춤을 추고 있었다. 그러자 다른 천사들이 와서 우리에서 불을 꺼내어 다른 용기에 담았다.

바람을 자기 사신으로 삼으시고 불꽃으로 자기 사역자를 삼으시며
시 104:4

나는 하늘로 올라가는 계단 같은 것을 보았다. 예수님이 말씀하셨다. "나는 이제 가야 한다. 너는 집으로 돌아가라. 하지만 네게 알려 줄 것이 있다. 이제 곧 너를 이 계단으로 데려와서 천국을 보여 줄 것이다. 네가 세상을 떠난다는 말이 아니다. 나는 너를 천국으로 데려갔다가 다시 돌려보낼 것이다. 하지만 지금은 천사들과 함께 아버지께 가서 그분 앞에 서야 한다." 나는 너무나 행복했다. 그분은 정말로 하나님이셨다. 예수님은 손가락으로 내가 알지 못하는 히브리어 몇 글자를 하늘에 쓰셨다. 그 후 나는 집으로 돌아왔다. 날이 밝고 있었는데, 그 모습이 정말 아름다웠다.

예수님은 "도둑이 붙잡혔다"고 말씀하셨다. 그 말은 사기치고, 조

롱하고, 미혹하고, 하나님의 은사를 빼앗아 못 쓰게 만들고, 타락한 것들을 혼합하던 마귀가 잡혔다는 뜻이다. 하지만 예수님은 하나님의 불이 풀려나서 어둠에 속한 원수의 많은 일들을 태우고, 성도들에게 성령의 불 곧 주님의 임재의 불을 사용할 수 있는 방법을 알려 줄 것이라고 말씀하셨다. 주님을 찬양하라!

불은 정결하게 한다. 하나님께는 어둠을 소멸하는 영적인 불이 있다. 사탄을 대적하는 무기가 있다. 그분은 검을 갖고 계신다. 그분께는 능력의 말씀이 있다. 우리는 그분이 우리에게 주신 은사와 무기에 대해 배우고 연구해야 한다. 그리고 예수 그리스도의 이름으로 그것들을 가지고 계속 나아가며 원수를 무찔러야 한다. 그러므로 성경을 읽고 하나님의 영적인 불을 언급하고 있는 구절들을 연구하라(예를 들어, 출 13:21-22; 24:17, 신 4:24; 9:3). "우리 하나님은 소멸하는 불"이시다(히 12:29).

잠자는 거인

잠언은 도둑질하다 들키면 훔친 것의 일곱 배를 갚아야 한다고 말한다(잠 6:30-31). 나는 사탄이 교회에서 훔쳐 간 것에 대해서도 동일한 원리가 적용된다고 생각한다. 하나님은 우리에게 영적인 열쇠를 주시며 영적인 문을 열고 마귀가 우리에게서 훔쳐 간 것을 풀어 놓으라고 말씀하셨다. 그러므로 나는 하나님의 지혜로 이렇게 말하고 싶다. 지금이 바로 우리가 '사탄의 전리품들'을 되찾아 올 때다. 지금이 바로 우리가 일어나 은사들을 사용할 때다. 지금이야말로 우리가 하나님 나라의 열쇠를 가지고 일어날 때다.

우리는 하나님의 것들에 대해 너무 게으르고 무관심했다는 것을 인정해야 한다. 주님이 많은 은사들을 주셨는데도, 우리는 그것을 사용하려 하지 않았다. 우리는 때로 은사를 사용하다가 누군가를 거슬리게 할까 봐 두려워한다. 친구들이여! 하나님은 누군가 당신을 거슬려 하더라도 일어나 그분을 섬기기를 원하신다. 내가 예언하는데, 당신은 하나님께 받았지만 사장되어 있던 은사를 가지고 일어나게 될 것이다. 당신은 사자같이 담대하고 용기 있게 하나님이 당신에게 맡기신 일을 완수하게 될 것이다. 수많은 사람들이 죽어 지옥으로 향하고 있다. 그들은 내가 묘사하고 있는 바로 그 지옥으로 가고 있다. 지금도 수많은 영혼들이 거듭나지 못한 것과 하나님께 순종하지 않은 것을 후회하며 영원한 형벌로 고통받고 있다.

주님은 당신이 그분과 하나 되어 원수를 무찌르기 바라신다. 자리를 박차고 일어나 기도하며 그분이 당신에게 명하신 일을 시작하라. 지금 이 책을 읽고 있는 이들 중에도 하나님이 주신 은사에서 도망치고 있는 이들이 있을 것이다. 그 자리에서 멈추고 회개하라. 그리고 예수님의 이름으로 사장되었던 것들을 되찾으라. 하나님은 당신이 그분의 군대에 다시 들어오기를 원하신다. 그분이 당신의 상처를 치유하시고 어둠의 세력에 치명상을 입히실 것이다. 마귀와 그의 악한 영들이 치명

타를 입게 될 것이다. 지금이야말로 교회가 하나님의 강력한 군대로 이 세상에서 일어나야 할 때다. '잠자는 거인'은 전능하신 예수님의 이름으로 일어날지어다. 아멘!

하나님의 열쇠와 은사 회복하기

하나님이 주신 은사로부터 도망치고 있는가? 특별한 은사를 사용하면 사람들이 거슬려 할까 봐 두려워하고 있는가? 그렇다면 당신의 은사로 다른 사람들의 믿음을 성장시키고, 병을 고쳐 주고, 귀신을 쫓아내고, 위로하고, 영적으로 새 힘을 얻게 하는 일들에 집중하며 그 두려움에서 벗어나라. 당신의 은사를 하나님께 드리고, 믿음으로 사용하기 시작하라. 작은 일부터 은사를 사용하라. 당신은 하나님의 인도하심으로 그것을 풀어 놓는 법을 배우면서 점점 더 능력 있게 사용하게 될 것이다.

또한 우리의 영적인 은사들을 다른 성도들의 은사와 함께 사용해야 한다는 것을 잊어서는 안 된다. 우리는 하나님의 목적을 위해 예수님의 이름으로 협력해야 한다. 사람들을 묶고 있는 마귀의 멍에를 부러뜨리려면 연합의 기름부음이 필요하다. 하나님은 그리스도의 몸에 하나 됨의 회복이 일어나기를 갈망하고 계신다(고전 12:12-31).

CHAPTER 10

일어나라

이번 장에서 나는 잠자는 거인의 각성에 대해 좀 더 이야기하고자 한다. 거인은 하나님의 백성이요 온 땅에 있는 하나님의 군대다. 우리는 지금까지 너무나 오랫동안 잠에 취해 있었다. 교회가 다시 한 번 떨치고 일어나야 한다. 교회의 지도자인 선지자, 사도, 목사 등도 정신을 차리고 기운을 내야 한다. 세상에는 영적으로 잃어버린 자들과 눌린 자들이 수도 없이 많고, 그들이 우리의 도움을 필요로 하고 있다. 우리는 천국과 지옥의 실체 그리고 복음을 전하는 우리의 소명이 얼마나 중요한 것인지 깨달아야 한다. 우리가 게으름을 피우는 동안, 수많은 영혼들이 지옥으로 떨어지고 있다.

만일 당신이 예수 그리스도를 거절한 채 죽어 지금 지옥으로 빨려 들어가고 있다면 어떻겠는가? 하나님은 영원한 형벌의 끔찍한 공포를 나와 다른 이들에게 보여 주셨다. 그분은 앞으로도 그것을 많은 이들에게 보여 주실 것이다. 그분은 지금 믿는 자들을 흔들어 깨우고 계신다. 나는 이 문제를 대단히 중요하게 생각한다. 우리는 "믿음의 선한 싸움을 싸워야 한다"(딤전 6:12).

죽음의 방

예수 그리스도께서 다시 내게 나타나셔서 그분의 권능으로 나를 지옥 입구로 데려가셨다. 그곳은 다른 어느 곳보다도 어두운 지역이었다. 예수님이 말씀하셨다. "보아라. 우리는 지금 지옥의 오른팔에 있다." 예수님이 오른팔을 드시자 어둠 속에서 커다란 문이 나타났다. 그리고 그분이 말씀하시자 빛이 사방을 비추었다. 나는 눈앞의 모습에 깜짝 놀라 주님의 손을 꼭 잡았다.

예수님은 또다시 하얗게 빛나는 옷에 허리에는 금띠를 두르고 샌들을 신고 계셨다. 그분의 머리카락은 아름다웠고, 그분의 피부는 올리브 색이었으며, 그분의 눈은 내 영혼을 꿰뚫어 보고 있었다. 나는 그분을 바라보며 울기 시작했다. "예수님, 주님은 우리가 이곳에 오지 않게 하시려고 생명을 주시고 피 흘려 죽으셨군요. 제가 보고 있는 것들이 너무나 끔찍해요."

나는 그분께 바싹 붙어 하염없이 울었다. 예수님은 팔로 나를 안으시며 위로해 주셨다. "캐서린, 네가 나의 나라에서 얼마나 소중한 존재인지 모를 것이다." 내가 고개를 끄덕이자, 그분이 말씀하셨다. "나는 네가 긍휼과 겸손의 영을 가진 어린아이 같아서 참 기쁘단다. 너는 재물을 바라지 않고 탐욕 없이 네가 본 것들을 전할 것이다."

예수님은 어둠 속에 나타난 문을 여셨다. 그 문은 마치 수백 킬로미터 떨어진 곳에서도 보일 것처럼 선명했다. 문 안쪽의 영역은 '죽음의 방'이라 불리는 곳이었다. 말 그대로 지옥 전체가 죽음이었다. 예수님이 말씀하셨다. "내 딸아, 그 방 위에 뭐라고 적혀 있는지 보아라." 그 방 위에는 청동과 구리로 보이는 재질로 커다랗게 '사탄의 전리품들'이라고 쓰여 있었다. 나는 물었다. "주님, 여러 우리 안에 있던 것들도 사탄의 전리품 아니었나요?" 예수님은 자세히 보라고 말씀하셨다. 그 방의 일부를 들여다보고 있는데, 예수님이 말씀하셨다. "나는 우리가 지옥의 오른팔에 있다고 말했다. 사탄의 오른팔은 아주 악하단다. 반면 나의 오른팔은 아버지의 오른손과 팔처럼 부드럽고 온유하다."

> 내가 사람의 줄 곧 '사랑'의 줄로 그들을 이끌었고 그들에게 대하여 그 목에서 멍에를 벗기는 자같이 되었으며… 호 11:4

나는 거대한 비단뱀 같은 것을 보았다. 그것은 기차만큼 컸고, 길이가 약 40-48킬로미터는 되어 보였다. 그 뱀은 밝은 계열의 초록색과

노란색을 띠고 있었고 살아 있었다. 처음에는 똬리를 틀고 있었으나 천천히 몸을 풀더니 원을 그리며 움직였다. 그러더니 또다시 처음처럼 똬리를 틀었다. 나는 큰 문들이 뱀이 있는 쪽에서 열리는 것을 보고 비명을 질렀다. 내가 그 뱀들을 열두 마리까지 세고 있는데, 예수님이 "계속 세라"고 말씀하셨다. 하지만 열다섯 마리까지 셌을 때는 "기다리라"고 말씀하셨다. 열다섯 개의 문은 열려 있었고, 다섯 개의 문은 닫혀 있었다. 그때 뱀의 꼬리에서 딸랑거리는 소리가 들렸다. 나는 그것이 비단뱀인 줄 알았는데, 방울뱀이었던 것이다.

그 뱀을 보고 있을 때 예수님이 말씀하셨다. "캐서린, 자세히 보아라. 오른팔에 권능이 있다는 것을 잊지 마라. 사람들은 악수할 때 오른손을 흔든다. 기억해라. 오른손이다." 그때 문 하나가 열렸고 예수님이 말씀하셨다. "이제 우리는 저 아래로 가서 문을 들여다볼 것이다." 내가 그게 뭐냐고 묻자, 예수님은 뭐라고 써 있느냐고 되물으셨다. 거기에는 "사탄의 전리품들"이라고 쓰여 있었다.

예수님이 그 지역을 비추시니, 빛이 큰 원을 그리며 퍼져 나갔다. 방울뱀 뒤로 갈퀴와 다른 것들을 들고 있는 귀신들이 줄지어 있었다. 또한 그들 대부분은 온몸에 사슬이 감겨 있었고, 손에는 큰 열쇠들을 들고 있었다. 그들은 비명을 지르며 예수님의 빛을 피해 달아났다. 주님이 왼손을 드시자 불이 나가며 어둠 속에 있는 귀신들을 살라 버렸다. 그것들은 내 눈앞에서 잿더미로 변해 버렸고 연기가 피어올랐다. 나는 예수님께 감사드렸다. 작은 뱀들이 주변에서 기어 다녔으나, 예수님이 그것들을 손가락으로 가리키시자 재가 되어 버렸다.

예수님이 말씀하셨다. "나의 아버지가 이 일을 명령하셨다. 캐서린, 보고 듣고 배워라. 내가 네게 보이고 알려 준 것들을 수많은 사람들이 보고 듣고 싶어 하지만, 나는 그들을 믿지 않는다. 그들 중에는 믿을 수 없는 자들도 있다. 이제 보아라."

나는 한때 귀신들이 있던 곳, 건조해서 갈라진 틈이 많은 갈색 땅을 보았다. 뱀의 몸집이 점점 커지는 것처럼 보였다.

문1을 통과하다

예수님이 말씀하셨다. "우리는 저 아래로 내려가서 문을 하나씩 통과할 것이다. 하지만 염려하지 마라. 뱀은 아무것도 하지 못할 것이다." 우리는 온통 바위 투성이인 언덕 아래로 내려가서 '사탄의 전리품들'이라 불리는 커다란 원형 문으로 걸어 들어갔다. 뱀 옆에 있던 문1은 활짝 열려 있었다. 그 문의 폭은 최소 약 3미터, 높이는 3.6미터 정도 되어 보였다. 나는 도대체 그것이 뭘까 궁금해졌다. 예수님이 말씀하셨다. "보고 듣고 배워라." (주님이 나를 지옥으로 데려가시고 수년이 지난 뒤 어느 기도 모임에서 기도하는 동안, 이곳에서 본 것과 비슷한 문들과 큰 뱀의 환상을 본 것이 기억난다.)

우리는 입구를 통과해 큰 방으로 들어갔다. 방 안에는 아름다운 것들이 있었다. 우리가 나중에 들어간 방들은 규모를 측정하기는 어렵지만, 모두 엄청나게 넓었다. 그 방에 있는 것들은 사탄이 사람들에게서 훔친 것들이었다. 사탄은 그렇게 하여 사람들이 번성하지 못하고 낙담하게 하여 하나님을 섬기지 않게 만들었다. '부와 명예' 같은 아름다운 것들이 선반에 가득했는데, 그것들은 사람들의 집에 있을 법한 장식품들이나 아름다운 색상의 천 같은 것들이었다.

내가 돌아서자 예수님이 말씀하셨다. "저 위를 보아라." 많은 금괴가 무더기로 쌓여 있는 것을 보고 나는 물었다. "저게 뭔가요?" 예수님이 말씀하셨다. "사탄의 전리품들로, 사탄이 교회에서 훔친 돈이다." 쌓여 있는 금괴는 수억만 달러는 되어 보였다. 나는 다음 선반을 올려다보았다. 거기에는 은색과 금색의 책들이 쌓여 빛을 발하고 있었다. 내가 "저건 뭐예요, 주님?" 하고 묻자, 예수님이 대답하셨다. "마귀가 글과 진리를 앗아 갔다. 마귀가 그릇된 가르침과 거짓말로 세상의 수많은 사람들을 속이고 있다. 그가 나의 말씀을 희석시키고 있다."

그 방은 마치 거대한 창고 같았다. 예수님은 사탄이 훔친 온갖 종류의 고급 차들을 보여 주셨다. 그리고 옷과 액세서리, 신발 등 사탄이 훔쳐 간 모든 것들을 보여 주셨다. 예수님은 신발 앞에 멈춰 서시며 그것들을 어떻게 생각하느냐고 물으셨다. 나는 주님이 총명을 주시지 않으면, 알 수 없다고 대답했다. 예수님은 이렇게 말씀하셨다. "이것들은 나의 백성, 선지자, 사도, 오중사역자들의 '신발'이란다. 그들이 나를 위한 발걸음을 멈추었다. 나에 대해 증거하지 않고 있다. 그들은 쓰러져서 울고 있다. 그러나 나의 백성에게 포기하지 말고 계속 나아가라고 전해

라. 사탄이 그들의 신발을 빼앗아 가도록 내버려 두지 마라. 사탄이 그들을 가로막고 쓰러뜨리지 못하게 해라. 사탄이 그럴 때는 일어나서 나의 말씀으로 맞서 싸워야 한다. 나는 포로 된 자를 자유롭게 하라고 나의 말씀을 주었다."

그 외에도 그곳에는 다른 많은 선반들이 있었는데, 컴퓨터가 가득한 선반도 있었고, 돈이 둥둥 떠다니는 선반도 있었다. 예수님이 말씀하셨다. "이 돈은 나의 성도들의 것이다. 그러나 이제 내 이름으로 그것이 풀려날 것이다. 내 이름으로 그것이 땅으로 다시 돌아가게 될 것이다. 그리고 아버지께서 하늘에서 응답하실 것이다. 이 책을 읽는 백성은 부디 깨달아라. 마귀가 너희 은사들을 가져가지 못하게 하라." 나는 성령의 은사들에 대해 그리고 하나님이 무엇을 지시하셨을 때 우리가 얼마나 게을렀는지를 깨닫게 되었다. 우리는 하나님이 원하시는 일을 하기 싫어서 미루거나 거절한다. 하루가 가고 또 하루가 가고, 우리는 계속 늑장을 부리면서 마땅히 해야 할 일을 하지 않고 있다. 이 문제에 있어 나 역시 죄인이다.

> 그런즉 너희가 어떻게 행할지를 자세히 주의하여 지혜 없는 자같이 하지 말고 오직 지혜 있는 자같이 하여 세월을 아끼라 때가 악하니라 엡 5:15-16

예수님은 "방 안을 들여다보라"고 말씀하셨다. 나는 옛 뱀인 사탄이 와서 우리를 미혹하고 속인다는 것을 깨달았다. 예수님이 머리를 흔들며 말씀하셨다. "그렇다. 네가 생각하고 있는 것이 옳다." 나는 그분을 따라 다른 방으로 들어갔다. 거기에는 수많은 성령의 검들이 있었다. 말씀도 있었다. 공중에 매달린 채 불타고 있는 커다란 검에는 말씀이 적혀 있었다.

예수님은 이렇게 말씀하셨다. "다니엘서에는 나의 진리가 땅에 던져졌다고 기록되어 있다(단 8:12). 가브리엘 천사가 다니엘에게 말을 전한 것처럼, 나는 일 년 전에 가브리엘을 네게 보냈었다. 내가 그를 통해 몇 가지 비밀을 가르쳐 주었고, 이것은 그 비밀들 중 일부란다. 그것들이 기억나도록 내가 네 생각을 열 때에 계시의 천사와 성령님이 너와 함께할 것이다."

그 후 예수님은 그리스도의 몸을 위하여 하나님이 간직하고 계신 복들을 내게 보여 주셨다. 그것은 사탄이 거짓말하고 속이고 미혹하여 훔쳐 간 것들이었다. 주님은 이렇게 말씀하셨다. "그렇다. 저 밖에는 힘 있는 귀신들이 있다. 사람들이 죄 가운데 있으면, 귀신들이 그들을 미혹한다. 그들은 육신을 사랑하여 육신을 만족시키는 일을 한다. 악이 그들 가운데 있어서 해서는 안 되는 일들도 서슴지 않고 저지른다. 그들의 마음과 생각에 악독이 있다. 그들은 회개하고 나 주 예수 그리스도에게로 돌아와야 한다. 캐서린, 이 방은 대단히 중요하단다. 나는 나중에 너를 다시 여기로 데려올 것이다. 여기에는 네게 보여 주고 싶은 것이 몇 가지 더 있다."

이 책의 계시들을 기록하는 동안 주님이 물으셨다. "원형 구역에 있던 귀신들을 기억하느냐? 그들이 강하고(마 12:29; 막 3:27; 눅 11:21-22) 견고한 요새이기에 내가 멸했다. 가장 위대한 무기는 나의 말씀, 전능하신 예수 그리스도의 이름, 성령님, 하나님의 불, 하나님의 임재, 하나님의 기름부음이라고 사람들에게 알려 주어라. 깨어나라, 교회여! 깨어라. 잠자고 있는 이 땅의 거인을 깨워라."

문2를 통과하다

앞서 말했듯이, 뱀 옆에 있던 열린 문들은 열다섯 개였다. 각각의 문 안쪽에는 마귀가 땅에서 훔쳐 간 것들이 있었다. 문1과 연결된 방을 다 둘러본 후 예수님과 나는 문2로 걸어 들어갔다. 그곳은 수백 킬로미터는 되어 보였다. 다 이해할 수는 없지만, 거기에는 여러 종류의 돈뭉치가 가지런히 쌓여 있었다. 나는 그것이 태고부터 오늘날까지의 돈이 아닐까 생각한다. 전 세계의 다양한 화폐들이 있었고, 각국의 돈에는 내가 이해할 수 없는 말들이 적혀 있었다. 나는 그것이 사탄과 그 사자들이 땅에서 훔쳐 간 돈이라는 것을 깨달았다.

그러자 예수님이 말씀하셨다. "그렇다. 사탄과 그 사자들은 자기들의 왕국을 건설하고 싶어 한다. 그것들은 열방을 다스리고 돈을 빼앗기 위해 온갖 거짓과 속임수를 사용하며 열심히 애쓰고 있다. 하지만 내가 그것을 멸할 것이다. 내가 그들의 계획을 무산시키고, 나의 불로 악의 세력들을 멸할 것이다. 나의 불은 사람들을 다치게 하지 않고 오히려 그들을 묶고 있는 사슬을 파쇄할 것이다. 성령의 불, 진리와 의의 불에는 엄청난 권세가 있다. 그것은 살아 있다. 오순절에 불이 갈라진 혀처럼 제자들의 머리에 임했던 것을 기억해라. 그것은 살아 있고 만질 수 있다. 깨어라, 교회여! 나의 불에 관하여 읽고 나의 소멸하는 불에 관하여 연구해라. 나의 말씀을 사용하라!"

> 그러므로 우리가 흔들리지 않는 나라를 받았은즉 은혜를 받자 이로 말미암아 경건함과 두려움으로 하나님을 기쁘시게 섬길지니 우리 하나님은 소멸하는 불이심이라 히 12:28-29

나는 보고 듣고 배웠다. "이 열방의 돈은 정확히 뭘 말하는 건가요?" 내가 묻자 예수님이 대답하셨다. "아버지가 하늘에서 원수와 그의 모든 천사들을 쫓아내셨다. 그들은 영원한 사슬에 묶인 채 지옥에 거하고 있다. 하늘에서 쫓겨난 원수는 하나님의 백성을 멸하여 그분께 보복할 방법을 생각하기 시작했다. 내 딸아, 한마디로 이것은 전쟁이란다. 선과 악의 전쟁이지. 하나님의 아들 예수 그리스도, 임마누엘, 예슈아, 내 이름들이 바로 열쇠다. 내가 바로 사람들에게 소망을 회복시키고 말씀에 생명을 불어넣기 위해 하나님이 사용하시는 열쇠이자 비밀이다."

굵은 눈물이 예수님의 뺨을 타고 흘러내렸다. 그분은 이렇게 말씀하셨다. "그렇다. 나의 말씀은 내가 나의 백성을 번성하게 할 것이라고 약속한다. 내가 그들에게 열방을 주어 구원하게 할 것이라고 말한다. 나의 말씀은 내가 아브라함과 야곱과 다윗에게 그러했듯이 그들에게 복을 줄 것이라 말한다. 나는 세상이 내가 말하는 바를 깨닫기를 바란다. 지금이야말로 거룩해야 할 때다. 지금이 바로 너희 마음과 생각과 혼과 영에서 더러운 것들을 제거할 때다. 나의 말씀은 이렇게 말한다. '주 너의 하나님을 마음을 다하고 뜻을 다하고 성품을 다하고 힘을 다하여 사랑하라.'

마귀가 돈으로 사람들을 속였다. 그들은 구원받고 나를 섬기던 나의 백성이었다. 하지만 마귀가 탐욕으로 그들을 미혹했다. 마귀가 그들을 탐욕으로 유혹하여 하나님의 은사를 가지고 거짓말하고 속이고 훔치게 했다. 이것은 고린도서에도 기록되어 있다."

나는 경외감 가운데 나의 왕이 문2에 대하여 설명하는 것을 듣고 있었다. "어린아이들이 먹지 못해 죽어 가고 있다. 많은 노인들과 청년들이 돈이 넉넉치 않아 고지서나 집세 등을 납부하지 못해 악으로 치닫고 있다. 하지만 내가 말한다. 그들이 나의 말씀을 말하기 시작할 때 번영이 돌아올 것이다. 나는 나의 백성에게 복에 복을 더하기 원한다. 세상에 회개하고 거인을 깨우라고 선포해라. 내 딸아, 이 땅을 향하여 회개하라고 외쳐라. 너는 시온에서 나팔을 불어라. 나의 백성에게 그들의 죄와 악에 대해 말해 주어라."

돈이 있는 방을 떠나면서 예수님이 말씀하셨다. "나는 이것을 나의 백성에게 되돌려 주기 원한다."

그러므로 염려하여 이르기를 무엇을 먹을까 무엇을 마실까 무엇을 입을까 하지 말라 이는 다 이방인들이 구하는 것이라 너희 하늘 아버지께서 이 모든 것이 너희에게 있어야 할 줄을 아시느니라 그런즉 너희는 먼저 그의 나라와 그의 의를 구하라 그리하면 이 모든 것을 너희에게 더하시리라 마 6:31-33

깨어 하나님을 찾으라

우리는 예수님의 말씀을 들어야 한다. 그분을 믿고 일어나야 한다. 수많은 전투를 치러야 할 때도 있지만, 나는 하나님의 말씀을 붙들 것이다. 나는 그분의 말씀이 살아 역사하는 것을 보았다. 나는 기도 가운데 천사들이 하나님의 거룩한 말씀이 기록된 큰 책을 펴서 뱀(용)과 귀신들의 면전에서 탁 하고 덮자, 그들이 쓰러지며 달아나는 모습을 여러 차례 보았다. 말씀은 보호하는 성벽이다. 예수님은 우리를 보호하시기 위해 말씀에 더하여 그분의 피와 이름을 주셨다. 그분은 만유의 주시다.

깨어서 하나님을 찾자. 그분의 말씀을 읽고 깨닫자. 지금이야말로 하나님의 군대가 일어나야 할 때다. 그분은 살아 계신 하나님이시다. 그분은 돌이나 나무로 만들어진 분이 아니다(단 5:23). 예수 그리스도께서 당신과 나를 위해 생명을 주셔서 우리는 영생을 얻었고 영원히 그분과 함께할 수 있게 되었다. 주님의 말씀을 들어라! 예수 그리스도는 만유의 주시다.

하나님의 열쇠와 은사회복하기

하나님은 그분의 백성에게 재정과 그 외의 은혜들을 회복시키기 원하신다. 그러므로 우리는 우선순위를 바르게 하고 하나님의 말씀에 순종해야 한다. 회개해야 할 특정 죄나 악이 있는가? 그렇다면 그 죄악에서 돌이켜 하나님께 용서를 구하라. 당신보다 재정적으로 어려운 이들을 돕기 위해 재정을 사용하고 있는가? 그렇지 않다면, 가난한 자들을 돕기 위해 당신이 할 수 있는 일을 시작하라.

CHAPTER 11

시온에서 나팔을 불라

문3

　　　　　　예수님과 나는 뱀 옆에 있던 문1과 문2를 통과한 후 문3으로 들어갔다. 순간 매우 심한 악취가 났고, 나는 비통함에 울기 시작했다. 예수님도 눈물을 흘리셨다. 그분이 그곳을 비추시자 수많은 작은 관들이 보였다. 그것은 사탄의 속임수로 죽은 아기들의 관이었다. 피가 흥건한 탁자도 있었는데, 예수님이 그것이 낙태 시술자의 것이라고 말씀해 주셨다.

　나는 시간표 같은 것을 보았는데, 허공에서 연도와 날짜가 원을 그리며 번쩍이고 있었다. 날짜는 대단히 빠른 속도로 거꾸로 흐르고 있었다. 그리고 신생아들의 울음소리가 들려왔다. "아버지, 이건 너무 끔찍해요." 하고 내가 말하자 예수님이 대답하셨다. "그렇다, 너무 끔찍한 일이다. 사탄이 많은 아기들의 목숨을 앗아 갔다. 이것은 사탄의 전리품들이다. 사탄도 하나님을 흉내 내고자 기록을 남긴단다. 사탄은 여기 있는 수많은 상자들과 작은 관들을 자신이 한 일의 기념물로 여기고 있다. 하지만 아기들은 이 지옥에 없다. 자세히 보아라. 아기들 몸 안에는 수증기나 연기처럼 보이는 것이 없다." 그러고 보니 상자와 관 속에 있는 작은 해골에는 영혼이 없었다.

예수님이 강조하셨다. "나는 지옥에 아기들이 없다는 것을 세상이 알았으면 한다. 아기들도 지옥에 있더라고 말하는 사람이 있다면, 그들이 보고 기록한 것은 거짓이다. 사실이 아니다."

그 방은 수많은 아기들의 시체로 가득한 환영 같았다. 관의 숫자가 계속 늘어나는 것처럼 보였다. 나는 작은 관들이 사탄의 전리품들처럼 보이기 시작했다. 사탄이 사람들을 미혹하고 속인 것이다. 예수님이 말씀하셨다. "그렇다. 이곳은 세상에 태어나지 못한 아기들과 신생아들에게 사탄이 저지른 일을 보여 주는 환영의 방이다."

예수님이 그렇게 말씀하시자 문3 내부에 있던 것들이 순식간에 사라졌다가 다시 나타났다. 그분은 이렇게 말씀하셨다. "나는 이런 짓을 사탄이 하고 있다는 것을 세상이 깨닫기를 바란다. 그것이 뱀 곁에 있는 이 방을 네게 보여 주는 이유이다. 나는 이 모든 것들을 세상에 공개하여 사탄의 미혹하는 권세에 대해 경고하려는 것이다. 나를 사랑하고 신뢰해라. 나는 너희에게 소망을 회복시키기 원한다. 이런 악한 일들을 저지르다가 마침내 지옥에 떨어진 모든 이들이 지금도 불 가운데서 비명을 지르고 있다. 많은 사람들이 낙태하고도 회개하지 않았고, 그중에는 오늘 밤 이 지옥에서 불타고 있는 이들도 있다. 부디 이 땅이여, 깨어라, 깨어나라!"

나는 셀 수 없이 많은 관들이 놓여 있는 방 안을 둘러보았다. 주님이 말씀하셨다. "이것은 하나님이 세상에 주시는 계시이다. 임신하는 순간부터 아기는 하나님이 귀하게 여기시는 영혼을 갖게 된다. 살아 있는 영혼이 된다. 그러므로 너희가 고의로 또는 의지적으로 아기를 낙태하면, 그것은 큰 죄, 곧 살인죄에 해당한다. 너희는 이 죄가 하나님의 심판을 불러온다는 것을 깨달아야 한다. 낙태로 죽은 아기들의 피가 땅에서부터 하나님께 호소하고 있다"(창 4:8-10).

> 주께서 내 내장을 지으시며 나의 모태에서 나를 만드셨나이다 내가 주께 감사하오음은 나를 지으심이 심히 기묘하심이라 주께서 하시는 일이 기이함을 내 영혼이 잘 아나이다 내가 은밀한 데서 지음을 받고 땅의 깊은 곳에서 기이하게 지음을 받은 때에 나의 형체가 주의 앞에 숨겨지지 못하였나이다 내 형질이 이루어지기 전에 주의 눈이 보셨으며 나를 위하여 정한 날이 하루도 되기 전에 주의 책에 다 기록되었나이다 시 139:13-16

예수님은 이렇게 말씀하셨다. "아기 엄마의 생사가 달린 문제라면, 그것은 그녀가 선택할 문제이다. 하지만 마귀는 아기를 돌볼 수 없는 상황이나 아기에게 나은 인생을 줄 수 없어서, 또는 아기가 자기들의 인생에 방해가 될 것이라는 이유를 대며 태어나지도 않은 아기를 지우는 것이 최선의 선택이라고 속인다. 사람들은 마귀에게 지금도 그렇게 속고 있다.

그렇게 죽은 아기들은 모두 천국에 있다. 하나님이 아기들을 온전하게 해 주셔서 그들은 지금 온전한 모습으로 있다. 아기가 하나님의 은혜임에도 사람들은 그들을 처참하게 죽이고 있다. 유혹과 망상에는 강력한 힘이 있다. 생각해 보아라. 열심히 일하며 혼자 사는 한 여자가 있다. 그녀는 한 남자와 사랑에 빠져 그들이 사랑이라고 부르는 관계를 맺고 결국 임신했다. 하지만 남자도 여자도 아기를 원치 않는다. 그래서 그들은 가서 아기를 지워 버렸다. 이 일들이 온 세상에서 벌어지고 있다. 나는 여자아이들이 내 말을 귀담아들었으면 한다. 낙태하지 마라. 내가 너와 네 아기를 위하여 길을 열어 주겠다. 주님의 영이 세상에 말씀하시는 것을 들어라. 듣고, 깨어라!

만일 낙태한 적 있으면 회개하라. 하나님이 너희를 용서해 주실 것이다. 내게 나아와 나의 피로 깨끗하게 씻어 달라고 구하면 내가 그렇게 해 주겠다."

우리는 낙태를 진지하게 고려하고 있는 젊은 여성들에게 하나님의 말씀을 가르쳐야 한다. 이것이 다름 아닌 당신이 처한 상황이라면, 예수님은 당신에게 소망을 주고 싶어 하신다. 그분은 당신이나 아직 태어나지 않은 당신의 아기가 다치는 것을 원치 않으신다. 하나님의 말씀을 읽으라. 하나님은 거룩하고 순결하시다. 당신을 사랑하시는 그분이 당신을 위해 길을 내실 것이다. 당신이 낙태한 사람이라면, 하나님이 당신을 용서해 주실 것이다. 그분은 은혜와 자비가 충만한 하나님이시다.

> 여호와는 은혜로우시며 긍휼이 많으시며 노하기를 더디 하시며 인자하심이 크시도다 여호와께서는 모든 것을 선대하시며 그 지으신 모든 것에 긍휼을 베푸시는도다 시 145:8-9

문4

우리는 그곳을 떠나 문4로 다가갔다. 예수님이 다시 울고 계셔서, 나는 그 문 안쪽에 무엇이 있는지 궁금했다. 안쪽에 있는 담장들은 마치 거대한 영화 스크린처럼 태고부터 오늘날까지 사탄이 저지르고 있는 악행들을 보여 주고 있었다. 마치 벽화가 움직이는 것 같았다. 또 귀신들이 알코올과 마약에 중독된 자들을 고문하는 장면도 보여 주었다. 그러다가 하나님의 천사들이 와서 그들을 자유롭게 해 주는 장면이 보였는데, 많은 이들이 풀려나고 귀신들은 멸망했다. 예수님은 이렇게 말씀하셨다. "사탄은 하나님을 흉내 내려고 애를 쓰고 있지만, 악한 존재이다. 나는 네게 생명을 주되 더 풍성히 주려고 왔지만,

사탄은 도둑질하고 죽이고 멸망시키러 왔다"(요 10:10).

마치 홀로코스트와 각종 전쟁들을 포함하여 오랜 기간에 걸쳐 일어난 수많은 악행의 역사를 단 몇 시간 동안 지켜보는 것 같았다. 예수님은 이렇게 말씀하셨다. "내 딸아, 나는 이 땅에 평화를 주러 왔으나 지난 몇 년간 사탄과 그 사자들이 나의 복음을 희석시켜 버렸다. 그래서 내 백성에게 싸우거나 버틸 힘이 없는 것이다. 많은 사람들이 지금 이 시간에도 구원받고 있다. 그렇다. 그들은 구원받고 있다. 그러나 이 세상에 지식이 더할 것이다."

> [천사가 다니엘 선지자에게 말했다] 그때에 네 민족을 호위하는 큰 군주 미가엘이 일어날 것이요 또 환난이 있으리니 이는 개국 이래로 그때까지 없던 환난일 것이며 그때에 네 백성 중 책에 기록된 모든 자가 구원을 받을 것이라 땅의 티끌 가운데에서 자는 자 중에서 많은 사람이 깨어나 영생을 받는 자도 있겠고 수치를 당하여서 영원히 부끄러움을 당할 자도 있을 것이며 지혜 있는 자는 궁창의 빛과 같이 빛날 것이요 많은 사람을 옳은 데로 돌아오게 한 자는 별과 같이 영원토록 빛나리라 다니엘아 마지막 때까지 이 말을 간수하고 이 글을 봉함하라 많은 사람이 빨리 왕래하며 지식이 더하리라 단 12:1-4

나는 그 방 담장에 비쳐진 수많은 악행들을 지켜보았다. 사탄이 보좌에 앉아 지진으로 죽어 가는 수천 명의 사람들을 지켜보며 즐거워하는 모습도 보았다. 예수님이 말씀하셨다. "나의 언약은 나의 백성을 위한 것이다. 내 백성이 넘어지더라도, 내가 영으로 천사들을 보내 그들을 이끌고 있다. 내 딸아, 내가 천사들을 보내어 사탄을 결박할 것이다. 나의 강력한 말씀을 보낼 것이다. 이제 수많은 천사들이 하나님의 성도들과 자녀들을 위해 싸우는 모습을 보아라." 영광이 임하고 예수님의 피가 나타나는 모습이 너무나도 아름다웠다. 그 아름다운 광경에 사탄은 지극히 분노하는 모습을 보이곤 했다.

대학살 장면은 정말 끔찍했다. 그 장면을 보면서 나는 비명을 질렀다. "아, 하나님." 눈물이 예수님의 뺨을 타고 흘러내렸다. 그분이 말씀하셨다. "내 딸아, 이것은 이 땅에 살인자들과 강간범들과 온갖 종류의 악을 행하는 자들이 있다는 것을 네게 알려 주기 위해 보여 주는 지옥의 환상이란다. 나는 나의 백성이 회개하기를 바란다. 그러면 이런 일들이 세상에서 사라지게 될 것이다." 그 후 사람들의 족쇄가 끊어졌다. 그들을 묶고 있던 사슬이 녹아 내렸다.

그러나 생각조차 하기 싫은 끔찍한 장면을 또다시 보게 되었다. 너무 끔찍해서 도저히 견딜 수가 없었다. 예수님이 나를 돌아보시며 말씀하셨다. "견뎌야 한다. 이것들을 보고 세상 사람들에게 알리고 경고해라. 내가 그들을 사랑한다고, 그들에게 나의 권능과 임재를 주었다고, 그들이 나에게 그들의 일부가 아니라 전부를 주기 원하고 있다고 말이다. 그러면 그들은 가족들을 자유롭게 할 기름부음과 권능을 갖게 될 것이다." 그 후 나는 울고 있는 엄마와 아기들을 보았다. 하나님의 권능이 임하자 예수님의 피가 그들을 씻어 정결하게 했다. 생명이 그들에게 임하고 좋은 것들을 공급받기 시작했다.

우리는 예수님께 전부를 드려야 한다. 물론 우리에게는 여전히 문제가 있을 것이다. 그럼에도 예수님은 말씀하신다. "돌아오라, 하나님께 돌아오라. 너 배역한 자야, 만왕의 왕 만주의 주께로 돌아오라. 탐욕과 불신과 살인과 강간을 멈춰라." 나는 엎드려 울었다. 예수님은 부드럽게 나를 일으켜 세우시며 말씀하셨다. "내 딸아, 나팔을 불어라. 나의 사랑으로 힘껏 불어라."

우리에게는 예수님의 이름으로 사탄을 대적할 권세가 있다

우리는 14장에서 뱀 옆에 있는 열린 문들로 돌아와 문5, 6, 7과 연결된 방들 안에 있는 사탄의 전리품들을 볼 것이다. 이 문들 안에 있는 모든 전리품들은 그리스도인들이 거대한 군대로 일어나 승리하는 것을 막기 위해 마귀가 세상에서 저지르고 있는 악행들을 상징한다. 사탄은 강력한 미혹으로 우리를 괴롭히고 있다. 하지만 우리에게는 예수님의 이름으로 사탄을 꾸짖을 수 있는 권세가 있다. 예수님은 진실로 만유의 주시다. 아버지가 그분께 하늘과 땅과 땅 아래의 모든 권세를 주셨기 때문이다(마 28:18).

하나님의 열쇠와 은사회복하기

예수님은 우리가 그분께 전부를 드리기 원하신다. 우리의 마음과 영혼과 생각 그리고 힘까지 우리 삶의 모든 영역을 원하신다. 예수님께 모든 것을 내려놓고 끊임없이 그분의 뜻을 구할 때, 우리는 그분의 권세와 기름부음으로 살아갈 수 있다. 그리고 사탄에게 사로잡힌 가족들과 또 다른 이들을 풀어 줄 수 있게 된다. 전부를 예수님께 드렸는가? 당신이 그분께 나아가는 것을 가로막고 있는 것은 무엇인가?

CHAPTER 12

교회를 미혹하는 **사탄**

나의 백성을 보호하겠다

이번 장에서는 지옥의 형벌과 사탄이 사람들을 미혹하여 하나님과 멀어지게 만드는 방법에 대해 나누려 한다. 한번은 예수님과 지옥을 걷고 있는데, 주님이 늘 하시던 대로 어둠을 향해 팔을 드시자 주변이 밝아지며 선명하게 보였다. 나는 깜짝 놀라서 주변을 두리번거렸다. 사방에 수많은 해골들이 쌓여 있었다. 그들은 "살려 줘. 살려 달란 말이야!" 하고 비명을 지르고 있었다. 나는 예수님을 바라보며 물었다. "이 해골들은 뭔가요?" 예수님이 말씀하셨다. "마귀에게 충성하다가 죽은 사람들이다. 이들은 자기 마음과 영혼을 마귀에게

주었단다." "아, 하나님!" 나도 모르게 탄식이 흘러나왔다.

나는 그 영혼들을 유심히 지켜보았다. 그들은 키가 약 0.9미터 정도 되는 귀신들에게 둘러싸여 있었는데, 귀신들은 그들을 보며 즐거워하고 있었다. 예수님이 팔을 드시자 불이 임했고, 귀신들은 재가 되어 사라졌다. 주님이 그 해골들에 대해 말씀해 주셨다. "많은 사람들이 마술이나 주술 그리고 온갖 종류의 마귀 숭배에 빠져 있다. 회개하지 않으면 그들은 결국 지옥에 가게 될 것이다. 지금 나는 회개하라고 그들을 부르고 있다. 회개하고 내게 돌아오라."

해골들 중 하나가 소리쳤다. "나는 위대한 부두교도로 많은 이들을 속이고 죽이고 주술을 걸었어. 하지만 죽은 다음 내가 온 곳은 여기야." 사탄이 웃으며 말했다. "이곳이 네 왕국이다." 모든 해골들이 탄식하며 말했다. "재앙이 우리에게 미쳤다. 왜 우리가 악을 행했을까? 우리는 너무도 악했다." 그때 해골들 중 하나가 하나님을 모독하며 비방하는 소리가 들려왔다.

눈물이 흐르지는 않았지만, 나는 오랫동안 울었다. 예수님의 얼굴도 눈물로 젖어 있었다. 그분은 이렇게 말씀하셨다. "인간들아, 인간들아! 회개하고 회개하고 회개하라! 악을 행하는 부두교도들과 무고한 이들에게 흑마술을 행하는 자들아, 회개하라! 내가 내 백성을 보호하겠고, 그들 가운데 영광을 보일 것이다. 내 영광이 세상으로 돌아갈 것이다(슥 2:5). 주술을 행하고 부두교를 신봉하는 악한 자들아, 악에서 돌이켜 회개하라. 내 이름으로 회개하라. 그리하면 내가 너희를 구원하겠다. 주를 부르는 자는 누구든지 구원하겠다"(욜 2:32; 행 2:21; 롬 10:13).

네가 만일 네 입으로 예수를 주로 시인하며 또 하나님께서 그를 죽은 자 가운데서 살리신 것을 네 마음에 믿으면 구원을 받으리라 사람이 마음으로 믿어 의에 이르고 입으로 시인하여 구원에 이르느니라 성경에 이르되 누구든지 그를 믿는 자는 부끄러움을 당하지 아니하리라 하니 유대인이나 헬라인이나 차별이 없음이라 한 분이신 주께서 모든 사람의 주가 되사 그를 부르는 모든 사람에게 부요하시도다 누구든지 주의 이름을 부르는 자는 구원을 받으리라 롬 10:9-13

무수하게 쌓여 있는 해골들이 말하는 소리를 들으며 나는 참담한 기분이 들었다. 더 이상 견딜 수가 없었다. 우리는 그곳에서 나왔고, 예수님은 나를 집으로 데려다주셨다.

지옥 심판의 전경

다음 날 밤, 예수님과 나는 또다시 지옥을 걷고 있었다. 우리는 불에 타며 비명을 지르고 있는 영혼들과 낄낄대며 웃고 있는 귀신들 곁을 지났다. 맹렬한 기세로 타오르는 구덩이와 해골, 검은 물체들이 떨어지고 있는 땅속 구멍 등 이전에 본 많은 것들을 지나쳤다. 마치 지옥의 전경을 보는 기분이었다.

도처에서 영혼들이 고통을 당하고 있었다. 많은 영혼들이 불길에 휩싸여 있었다. 해골들은 잠시 살이 돋았다가도 이내 뜨거운 용암처럼 녹아 발끝으로 흘러내렸다. 그들의 뼈가 마르면, 벌레들이 뼈를 뚫고 기어다녔다. 해골들은 지옥에서 벗어나려고 비명을 지르고 이를 갈며 울부짖고 있었다. 지옥을 여행하는 내내 사방에서 저주하고 모독하는 소리와 비명이 들려왔다. "어째서 아무도 내게 경고해 주지 않은 거지?" "어째서 아무도 내게 지옥에 대해 말해 주지 않은 거야?" "왜 내게 회개할 기회도 주지 않은 거야?"

죽은 자들의 소리가 점점 커지는 것 같았다. 내가 예수님께 그것에 대해 말씀드리자 그분이 말씀하셨다. "나는 네가 그 소리들을 들었으면 한다. 모든 민족과 모든 나라 사람들이 이곳에 있다. 하지만…" 그분은 한 번 더 강조하셨다. "지옥에는 아기들이나 어린아이들은 없단다." 그리고 덧붙여 말씀하셨다. "보고 듣고 배워라."

내가 본 지옥의 전경은 폭이 수백 킬로미터는 되는 것 같았다. 그럼에도 나는 영혼 하나하나가 고통받고 심판받고 있는 모습을 직접 볼 수 있었다. 귀신들은 온갖 잔인한 방법을 동원하여 잃어버린 영혼들을 괴롭히며 심판을 집행하고 있었다. 그들은 육신의 감각을 그대로 지니고 있었다. 하나님이 그들의 몸과 영혼을 지옥에 던지셨기 때문이다 (마 10:28).

지옥이 확장되고 있다

예수님이 말씀하셨다. "이제 우리는 지옥의 다른 장소로 이동할 텐데, 너는 거기서도 죽은 자들의 소리를 듣게 될 것이다." 그곳에 이르렀을 때, 해골들의 모습은 보이지 않았으나 소리는 들을 수 있었다. 한 남자의 목소리가 들려왔다. "나는 세상에 있을 때 연쇄살인범이었어." 그 후 그는 다른 해골을 향하여 소리를 질렀다. "넌 무슨 짓을 저질렀지?" 두 번째 해골이 말했다. "나는 아기들을 죽였어. 그 아기들의 소리가 지옥에서 나를 괴롭히고 있어." 갑자기 비명 소리가 들리더니 귀신들이 나타나서 울고 있는 아기의 모습으로 둔갑했다. 그리고 그렇게 변형된 형체들이 불에 타며 사라지는가 싶더니 귀신들이 다시 나타났다.

나는 생각했다. '이건 환영이 분명해.' 그러자 예수님이 대답하셨다. "그렇단다. 마귀는 사람들이 아기를 낙태하고, 서로 죽이고, 살인하고, 도둑질하고, 마약과 술에 중독되기를 바라고 있다. 그들의 대화를 들어 보아라."

다른 남자가 말하는 소리가 들려왔다. "나는 알코올 중독자였어. 아내가 계속 회개하고 가서 도움을 받으라고 말했었지. 하지만 나는 그렇게 하지 않았어. 아내에게 점점 더 못살게 굴었고, 간이 완전히 손상될 때까지 계속 술을 마셨지. 그렇게 죽어서 여기 온 거야. 나는 회개하지 않았지만 예수님이 길이고 진리라는 것은 알고 있었어."

이후 또 다른 남자가 말했다. "나는 마약상이었고 알코올 중독자였어. 나는 마약을 팔다가 마약에 중독되었고 결국 과다 복용으로 죽었지. 그래서 지금 여기에 있는 거야. 하나님의 큰 백보좌 심판 때까지 나는 불에 타며 비명을 지르게 되겠지. 아, 너무 고통스러워. 견딜 수 없이 뜨거워. 나는 지금도 세상에 있을 때와 마찬가지로 마약이 생각나고 그리워서 미칠 것 같아. 그 강렬한 욕구가 나를 떠나지 않아." 그러면서 그는 비명을 질렀다. "살려 주세요! 살려 주세요! 하나님!"

그 후 한 남자가 울고 있는 소리가 들려왔다. 그는 조직폭력배의 우두머리로, 갱단에 의해 비참한 죽음을 맞았다. 나는 또 다른 영혼이 외치는 소리를 들었다. "도대체 언제 끝나는 거야? 나는 밤낮으로 고통을 당하고 있어. 내가 살던 세상에는 밤낮이 있었는데, 여기에는 낮도 없고 밤도 없어. 아, 이 고통이 언제나 끝날까?"

어느 여인의 목소리도 들려왔다. "나는 창녀였어. 사람들은 내게 많은 돈을 줬지. 내가 죽자 여기로 왔고 이렇게 고통을 받고 있어. 누가 나 좀 살려 줘! 어째서 아무도 내게 이런 얘기를 해 주지 않은 거야? 하나님에 대해 들어 보기는 했지만, 관심이 없었어. 나는 너무 악한 사람이었어." 나는 예수님을 바라보며 말했다. "죽은 자들이 지옥에서 이런 말을 하는군요." 그분이 말씀하셨다. "그렇다. 죽은 자들 중에는 아직도 자기가 저지른 악을 정당화하려고 애쓰는 자들이 있다. 그들은 악한 영혼이다."

또 다른 소리가 들려왔다. "나는 짐승과 정을 통하다가 죄 중에 죽어 여기로 왔지." 또 다른 이는 다른 나라 말로 말했지만, 나는 그의 말을 알아들을 수 있었다. "나는 돈을 받고 사람들을 죽였어. 기차와 비행기를 날려 버렸지. 그래서 여기 온 거야."

죽은 자들은 모두 자기들이 땅에서 저지른 죄악에 대해 이야기했다. 나는 이 모든 것을 보고 들으며 생각했다. '세상은 이 아래에 지옥이 있다는 것을 알아야 해. 지옥이 악한 영혼들을 수용하려고 커지고 있어'(사 5:14). 나는 예수님을 바라보았다. 그분은 내 생각을 알고 계셨다. 주님이 말씀하셨다. "캐서린, 시온에서 나팔을 불어라. 내 백성에게 그들의 허물을, 야곱의 집에 그들의 죄를 알려라."

> 크게 외치라 목소리를 아끼지 말라 네 목소리를 나팔같이 높여 내 백성에게 그들의 허물을, 야곱의 집에 그들의 죄를 알리라 사 58:1

교회에 잠입한 마귀의 세력

예수님이 말씀하셨다. "가자. 너에게 보여 줄 것이 더 있다." 우리는 다음 장소로 이동했다. 예수님이 빛을 비추시자 귀신들이 불에 타 사라졌다. 빛이 닿지 않은 귀신들은 비명을 지르며 달아났다. 우리는 커다란 구멍에 이르렀는데, 그곳 역시 지옥의 오른팔인 듯했다. 내부에서는 악랄한 일들이 벌어지고 있었다. 그곳은 마치 모래 늪과 불붙은 분노의 연못 같았다. 귀신들이 시커먼 사슬에 묶인 수많은 해골들을 끌고 왔다. 영혼들은 끌려오며 이렇게 외쳤다. "하나님, 저는 지옥이 진짜로 있는지 몰랐어요. 그래서 조롱했던 거예요. 저는 무신론자였어요. 그래서 비웃었지요. 하나님, 지옥이 정말로 있었군요!"

그때 이름이 새겨진 명판을 들고 있는 귀신이 나타났다. 그 귀신은 덩치가 크고 어깨가 떡 벌어져 있었다. 또 송곳니가 발달해 있었고, 길고 더러운 손톱에, 발에는 큰 물갈퀴가 있었다. 귀신들이 낄낄대며 말했다. "우리가 저들을 미혹했지. 우리가 저들을 속였어." 나는 그 광경을 지켜보며 참담한 기분이 들었다. 한 영혼의 이름이 호명되자 귀신들은 영혼을 묶고 있던 사슬을 풀어 명판을 가진 귀신에게 넘겨주며 이렇게 말했다. "이건 네가 괴롭힐 놈이다. 네 종이지. 너는 세상에서 마귀를 잘 섬겼지만, 지옥에서 고통받게 될 것이다. 사탄이 하나님을 이기고 승리할 거야."

나는 소리쳤다. "안 돼요! 주님, 안 돼요. 이 사람들은 도대체 무슨 죄를 저질렀나요?" 그러자 예수님이 말씀하셨다. "죽은 자들의 소리에 귀 기울여 보아라." 시커먼 사슬에 묶인 해골들의 행렬이 끝도 없이 이어졌다. 해골들이 말하는 소리가 들려왔다. "우리가 여기서 나갈 수 있을까? 우리에게 소망이 있을까? 어째서 우리는 예수 그리스도의 복음을 귀담아듣지 않았던 걸까? 어쩌자고 우리를 이 지옥에서 구원하러 오신 왕께 대적했던 걸까? 우리에게 화가 미쳤다! 너무 고통스러워! 우리에게 화가 미쳤어!" 수많은 해골들이 이와 같이 말하며 울부짖었다. 그러나 하나님을 모독하는 해골들도 있었다.

귀신들이 그 영혼들에게 말했다. "아무도 너희 영혼에 관심이 없어. 이건 너희가 받아야 할 고통이다. 너희에게 내려진 심판이란 말이다." 두 귀신이 이어서 외쳤다. "불아, 더 활활 타올라라. 우리 왕 마귀에게 미혹되어 이곳에 들어오는 많은 영혼들을 태울 수 있게 더 맹렬히 타올라라! 우리는 우리 왕 마귀를 도와 영혼들을 속일 것이다."

예수님이 말씀하셨다. "내가 이 계시 가운데 환상을 보여 주겠다." 그것은 거대한 귀신 앞에 끌려온 한 남자의 환상이었다. 그는 세상에 있을 때, 하나님의 말씀을 전하는 설교자였다. 예수님은 아무것도 말씀하지 않으셨지만, 환상 가운데 모든 상황을 알 수 있었다. 멋진 교회가 보였다. 설교자나 교회의 이름은 알 수 없었지만, 크고 아름다운 교회였다. 사람들이 아름다운 노래로 하나님을 찬양하고 있었다. 그런데 귀신이 그 광경을 지켜보며 즐기고 있었다. 아니, 웃고 있었다. 그 후 나는 검은 옷을 입은 존재들이 교회에 침투하는 것을 보았다. 그 존재들이 교회에 침투하여 자리에 앉자, 마치 그 교회의 성도처럼 모습이 바뀌었다. 그들이 입고 있던 검은 옷이 벗겨지자 정체가 드러났다. 그들은 평범한 남녀처럼 보였지만, 분명 귀신이었다. 이후에 나는 교회가 그들에게 사역을 도와 달라고 부탁하는 모습을 보았다. 그들은 사무실에서 일하며 헌금 등의 제반 업무를 도왔다. 그리스도인들은 그런 식으로 속고 있었다.

그렇게 5년이라는 시간이 흘렀다. 그 사이 교회는 텅 비어 있었고, 사방이 암흑천지였다. 교회 건물 밖을 내다보니, 주차장 바닥이 갈라지고 부서져 있었다. 그리고 그 문 위에는 '이가봇'Ichabod이라는 글자가 쓰여 있었다(삼상 4:19-21).

내가 "하나님, 이건 뭔가요?" 하고 묻자, 예수님은 이렇게 대답하셨다. "주의 영이 교회를 떠난 것이다. 악의 세력이 은밀히 침투할 때, 검은 옷을 입은 존재가 사람으로 변했다. 그들은 미혹하는 영으로 교회의 상태를 확인하러 온 것이다. 내 백성이 지식이 없어 망하고 있다(호 4:6). 내 백성은 그들이 하나님의 영에 대해 알고 있다는 사실을 깨달아야 한다. 그러므로 사람들 주변에서 이런 악이 감지되면 기도해야 한다. 목회자에게 가서 그것에 대해 물어봐야 한다. 그렇다고 의심에 사로잡혀 두려워할 필요는 없다. 그저 살아 계신 하나님의 영을 알고 깨달으면 된다." 나는 성장하고 있는 어느 교회에서 말씀을 전한 적이 있다. 청중 가운데 악한 권세들이 앉아 있는 것을 보았지만, 그때는 그것들이 왜 거기에 있는지 깨닫지 못했다. 당시에는 하나님이 아무런 지식도 주시지 않았기 때문이다. 수년이 흐른 후, 그 교회는 자취를 감추었다.

예수님은 우리가 동료 신자들을 보호해 달라고 기도하지 않고 구원받아야 할 이들을 위해 수고하지 않으면, 새로운 영적 출산이 일어나지 않는다고 말씀하고 계신다. 사탄은 우리가 그런 식으로 중보하는 것을 원하지 않는다. 사탄은 사람들이 예수 그리스도 안에 있는 진리의 지식에 이르지 못하기를 바란다.

한번은 영혼 구원에 힘쓰고 있는 어느 자매의 교회 기도회에 참석한 적이 있었다. 그 기도회에서 나는 어떤 여인이 다른 여인의 배에 손을 얹고 이상한 말로 기도하는 모습을 보았다. 기도 후 여인의 통증은 순식간에 사라졌다. 그러자 그 여인이 일어나 울먹이며 "당신의 기도 덕분에 제 통증이 사라졌어요." 하고 말했다. 나는 이상한 말로 기도하던 그 여인이 마귀에 들린 것을 알고 있었고, 실제로 나중에 그녀가 주술을 행했다는 사실이 밝혀졌다. 교회에 일부러 침투하는 사탄의 일꾼들도 있다. 마귀는 우리가 하나님을 위해 일하지 못하게 하려고 사람들을 이용한다. 우리는 원수에 맞서 싸워야 한다. 그래야 우리 자신과 하나님의 백성을 위해 드리는 우리의 기도가 주님께 상달될 수 있다.

> [주께서 말씀하셨다] 이 땅을 위하여 성을 쌓으며 성 무너진 데를 막아서서 나로 하여금 멸하지 못하게 할 사람을 내가 그 가운데에서 찾다가 찾지 못하였으므로 겔 22:30

이 모든 사실이 정말 끔찍했다. 그 후 그리스도께서 교회(세상의 모든 신자)를 향하여 말씀하셨다. "일어나라! 나의 신부여! 더러움을 벗어 던지고 거기서 나오라. 그리스도의 신부여! 일어나라!"

분별하고 깨달으라

주님의 영이 떠난 교회의 환상을 보고 있는데, 지옥에 있는 죽은 자들이 다시 비명을 지르며 말하는 소리가 들려왔다. 나는 물었다. "아, 하나님, 여기 사슬에 묶여 있는 모든 이들이 마귀에게 속고 미혹을 받으면서도 그것을 즐기다가 이 모래 늪에 던져진 건가요?" 그분은 이렇게 말씀하셨다. "나는 하나님이다. 나는 내가 택한 자와 의로운 자를 구원할 것이다. 나는 유혹을 이기는 권세를 그들에게 줄 수 있는 방법을 알고 있다. 너는 그들에게 나팔을 불며 나의 말씀을 구하게 해라. 지금은 깊은 잠에서 깨어나 주의 영이 교회에 무엇이라 말씀하시는지 귀 기울여야 한다. 회개하라! 회개하라!"

> 그런즉 선 줄로 생각하는 자는 넘어질까 조심하라 사람이 감당할 시험 밖에는 너희가 당한 것이 없나니 오직 하나님은 미쁘사 너희가 감당하지 못할 시험 당함을 허락하지 아니하시고 시험 당할 즈음에 또한 피할 길을 내사 너희로 능히 감당하게 하시느니라 고전 10:12-13

주님은 이어서 이렇게 말씀하셨다. "나의 양 떼를 돌보아라. 너희 지도자들아! 내가 너희에게 분별과 총명을 주었다. 너희 아내와 남편을 위해 기도하라. 너희는 혼자가 아니다. 주께서 말씀하신다. 너희 마음에 옳지 않은 것이 있고 누군가 너희를 파멸시키려고 할 때, 속지 마라. 사탄은 아주 교활하고 지혜로워서 많은 사람들을 속이고 있다. 내가 생명과 사랑과 행복과 기쁨을 주기 위해 왔다는 것을 기억해라. 가난한 자들을 돕고, 어린아이들을 먹이며, 복음 전도자의 일을 감당하고, 나의 말씀을 전하라. 세상에는 훌륭한 교회와 목사와 지도자들이 많이 있고, 그들이 고아와 과부들을 돌보고 있다."

내가 말했다. "예수님, 저는 주님이 원하시는 만큼 잘 해내지 못할까 봐 두려워요." 그분이 대답하셨다. "캐서린, 성령이 너와 함께한다. 성령이 네 인도자요 교사가 되어 모든 것을 생각나게 해 주실 것이다."

뒤를 돌아보니 이름이 적힌 명판을 들고 있는 귀신이 내가 환상 중에 본 교회의 해골들을 끌고 가서 맹렬한 기세로 타오르는 불과 모래 늪 속에 밀어 넣고 있었다. 그때 내 눈이 열리며 그곳을 조금 더 자세히 들여다보게 되었다. 최소 스무 개 이상의 모래 늪과 스무 명 이상의 귀신 그리고 비명을 지르며 울부짖는 수많은 해골들이 있었다. 내가 "아, 하나님!" 하고 탄식하자, 예수님이 말씀하셨다. "가서 보자."

우리는 또 다른 모래 늪으로 이동했다. 귀신들이 사슬에 결박된 또 다른 무리의 해골들에게 같은 짓을 하고 있었다. 그 영혼들 중에는 주님을 떠난 지도자들도 있었다. 그들은 십자가를 붙들고 예수님을 계속 따르는 대신 그것을 버리고 떠난 이들이었다. 그들 중에는 위대한 소명을 받았지만 너무 힘들다면서 포기한 이들도 있었다(나는 소명을 완수하는 것이 때로는 힘에 부치는 일이라는 것을 알고 있다). 음악의 은사를 받은 이들도 있었다. 그들의 상황은 이전에 내가 투명한 우리에서 본 악기나 악보와 관련이 있는 것 같았다. 그들은 자신에게 주어진 은사를 더 이상 사용하지 않았다. 사탄이 그들의 은사를 빼앗아 갔고, 그들을 단단히 결박했다. 그들은 주님을 신뢰하지 않았다.

예수님이 말씀하셨다. "세상에는 내게 순종하고 내 명령을 지키는 이들이 많다. 세상이 내가 소명과 은혜와 큰 은사를 주었다는 것을, 그리고 그 은사가 그리스도의 몸에 대단히 중요하다는 사실을 알았으면 한다. 너희에게 주어진 은사를 사용하여 묶인 자들을 자유롭게 하지 않는다면, 어떻게 신부가 일어날 수 있겠느냐? 나는 포로 된 자를 자유롭게 하려고 내 이름의 권세를 너희에게 주었다. 너희는 내 이름으로 귀신을 꾸짖고, 악한 영들을 쫓아내며, 병든 자를 치유하고, 죽은 자를 일으킬 수 있다. 깨어라, 깨어나라, 나의 신부여! 캐서린, 내 백성을 깨워라."

그날 밤의 여정은 거기서 끝이 났다. 하지만 나는 그리스도께서 말씀하시는 동안, 나의 지옥 여행의 주요 목적이자 이 책의 목적에 대해 생각했다. 시간이 흐를수록 변질되고 타락하여 하나님의 말씀을 더럽히고 결국 지옥에 떨어지는 자들이 있다. 이것은 우리가 같은 운명에 처해지지 않도록, 믿음을 지키고 완악해지지 않게 경고해 준다.

이 계시들은 오늘을 위한 것이다. 하나님은 그분의 계명에 순종하는 것보다 육신의 일을 더 사랑한 자들이 결국 어떻게 지옥에 떨어지는지 보여 주고 계신다.

하나님의 열쇠와 은사회복하기

A Divine Revelation of Satan's Deceptions

다음의 성경 말씀을 읽은 후 질문에 답하라. 본문은 참된 믿음을 어떻게 설명하고 있는가? 우리는 어떤 것들 때문에 하나님의 말씀을 더럽히고 있는가? 우리는 어떻게 하나님의 말씀을 신실하게 지킬 수 있는가?

그러므로 모든 더러운 것과 넘치는 악을 내버리고 너희 영혼을 능히 구원할 바 마음에 심어진 말씀을 온유함으로 받으라 너희는 말씀을 행하는 자가 되고 듣기만 하여 자신을 속이는 자가 되지 말라 누구든지 말씀을 듣고 행하지 아니하면 그는 거울로 자기의 생긴 얼굴을 보는 사람과 같아서 제 자신을 보고 가서 그 모습이 어떠했는지를 곧 잊어버리거니와 자유롭게 하는 온전한 율법을 들여다보고 있는 자는 듣고 잊어버리는 자가 아니요 실천하는 자니 이 사람은 그 행하는 일에 복을 받으리라 누구든지 스스로 경건하다 생각하며 자기 혀를 재갈 물리지 아니하고 자기 마음을 속이면 이 사람의 경건은 헛것이라 하나님 아버지 앞에서 정결하고 더러움이 없는 경건은 곧 고아와 과부를 그 환난 중에 돌보고 또 자기를 지켜 세속에 물들지 아니하는 그것이니라 약 1:21-27

CHAPTER 13

깨어나라, 나의 신부여

밤에 주님이 다시 나타나셔서 우리는 곧바로 지옥으로 이동했다. 그분은 내 영의 손을 잡고 계셨는데, 그 손에서 온기가 느껴졌다. 나의 왕을 올려다보자, 그분은 이렇게 말씀하셨다. "캐서린, 네가 쓰고 있는 책에는 성령과 아버지와 내가 주는 계시가 담겨 있다. 이 책은 나의 신부를 회복시키고 깨어나게 할 것이며, 세상의 수많은 영혼에게 영향을 미칠 것이다. 나의 손이 너와 이 책과 네 온 가족 위에 함께한다. 이제 모든 것들이 바로잡힐 것이다." 예수님은 처음으로 아주 오랫동안 미소를 지으셨다.

그분은 이어서 말씀하셨다. "캐서린, 죽은 자들 사이를 다니며 이런 글들을 쓰는 것이 네게 버거운 일이라는 것을 잘 안다. 하지만 이것은 전능하신 하나님이 주신 참된 계시다. 이 일을 마귀의 환상이나 괴상한 일 정도로 생각하는 이들에게 말한다. 너희가 가진 성경을 연구하고 전능하신 하나님이 나의 선지자들과 사도들에게 준 비밀과 계시들을 깨달아라. 지금은 다른 때와 다르다. 내가 말한다. '그는 내 자녀이다. 그러므로 나의 자녀에게 손대는 너희에게 화가 있을 것이다. 주의 말씀을 들어라. 이 책은 세상의 수많은 영혼을 깨우고, 사탄이 그들을 파멸시키기 위하여 어떤 방식으로 일하는지 그 실상을 깨닫게 해 줄 것이다. 내 안에 소망과 복이 있고 진리가 있다. 내가 너희와 너희 가족과 너희에게 속한 모든 것을 보호하고 복을 더하겠다. 너희가 믿고 내게 부르짖기만 하면, 그렇게 할 것이다. 이제 주의 말씀을 들어라. 지금이야말로 세상이 깨어날 때다. 깨어나라, 나의 신부여!" 그 후 우리는 다시 걷기 시작했다.

하나님이 성령과 은혜를 넘치게 부으실 것이다

이번에 우리가 가는 곳은 상당히 가까운 곳 같았다. 사방에서 죽은 자들이 울부짖고 있었고, 해골들은 구덩이에서 올라오려고 아우성치고 있었다. 이동하는 동안 예수님이 말씀하시면 빛이 비치곤 했는데, 하나님의 빛과 불 가까이에 있던 귀신들이 불에 타며 재가 되는 경우도 있었다.

언덕이 가까워지자, 나는 그곳이 이전에 우리가 다녀간 곳인지 궁금해졌다. 예수님이 내 생각을 아시고 말씀하셨다. "그렇지 않다. 네게 보여 주고 싶은 것이 있단다." 정상에 이르자, 지옥의 어떤 지역에서 벌어지고 있는 모든 것이 보였다. 내가 물었다. "예수님, 우리가 아직도 지옥의 오른팔에 있는 건가요?" 그분이 말씀하셨다. "그렇다. 아버지와 나 그리고 사람들의 오른손과 팔은 권세를 나타낸다. 이제 아래쪽을 내려다보아라. 나는 네게 그곳에서 고통당하고 있는 사람들을 보여 주고자 한다. 사탄이 계략을 꾸미고 힘 있는 영들과 미혹하는 세력들을 보내어 나의 택한 자들과 전능하시고, 전능하시고, 전능하신 하나님의 권세에 대적하고 있다. 캐서린, 우리에게는 이 세상 사람들이 필요하단다. 하나님의 영과 그분의 진리에 귀를 기울이는 사람들 말이다. 세상을 깨워 모든 신들과 우상들을 다스리시는 전능하신 하나님이 계시다는 사실을 알려야 한다. 내가 말하고 있는 바를 들어라."

바위에 걸터앉으며 예수님이 말씀하셨다. "똑똑히 보아라. 하나님이 지옥을 만드신 것은 사람들 때문이 아니라 마귀와 그 사자들 때문이다(마 25:41). 하지만 죄가 온 세상에 만연해지면서 잃어버린 영혼들을 더 많이 가두기 위해 지옥이 커지고 있다. 사탄은 하나님 나라에 대해 많은 것을 알고 있다. 하지만 모든 것을 아는 것은 아니다. 그 사자들도 마찬가지다. 아버지는 말씀으로 모든 일을 일어나게 하실 수 있다. 캐서린, 이 책으로 네가 알려야 할 것이 많다. 내가 강한 천사들과 함께 이 책을 지키고 있다. 전쟁의 천사들이 네 집을 둘러싸고 너와 네 가족을 보호하고 있다. 오늘날 죄가 더해지고 있지만, 나의 은혜는 그보다 훨씬 더 넘친다(롬 5:20). 나의 영과 은혜가 넘치게 부어지고 수많은 영혼들이 내게 나아오게 될 것이다. 나는 나의 사람들을 통해 놀라운 부흥을 일으킬 것이다."

> 그 후에 내가 내 영을 만민에게 부어 주리니 너희 자녀들이 장래 일을 말할 것이며 너희 늙은이는 꿈을 꾸며 너희 젊은이는 이상을 볼 것이며 그때에 내가 또 내 영을 남종과 여종에게 부어 줄 것이며
> 욜 2:28-29

예수님은 이어서 이렇게 말씀하셨다. "이제 여기에 있는 것이 무엇인지 이야기해 주겠다. 네 왼편을 보아라." 그분은 이 세상에 관한 것들을 계시해 주려 하셨다. 왼편을 내려다보니 산 밑에 이르는 모든 길들이 수 킬로미터는 되어 보였다. 당연하지만 거기에는 나무가 한 그루도 없었고, 불에 타고 메마른 썩은 것들과 새카맣게 타 버린 바위들뿐이었다. 빠르게 흐르는 강이 보였는데, 분뇨 같은 썩은 것들과 꿈틀거리는 뱀들이 들끓었고, 해골들이 불쑥 올라왔다가 사라지곤 했다. 나는 "하나님, 이건 뭔가요?" 하고 물었다. 예수님이 말씀하셨다. "이것은 죽음의 강이란다. 저 더러운 것 가운데 비명을 지르고 있는 이들은 세상에 있을 때 내가 여러 차례 불렀던 이들이다. 나는 그들과 함께 일하고 그들을 도와주었다. 나는 다른 이들을 보내 예언도 했지만, 그들은

목을 곧게 하고 고집을 부리며 내 앞에서 겸비하지 않았다. 그들에게 죽음이 이르렀을 때는 회개할 시간이 없었다. 그들은 나의 신부를 깨우고 세상을 바로잡기 위하여 나의 아버지가 쓰시고자 했던 이들이다. 하지만 원수가 갖은 미혹과 속임수로 그들을 넘어뜨렸다. 물론 그들은 길을 알고 있었지만, 좁은 길을 원하지 않았다. 결국 그들은 넓은 길을 택하고 말았다"(마 7:13-14).

나는 조금 더 자세히 보고 싶었다. 그러자 마치 강변에 서 있는 기분이 들었다. 예수님도 곁에 계셨다. 우리는 예수님의 권능으로 즉각 산마루에서 내려와 강으로 이동한 것이다. 그래서 해골들의 뼈만 앙상한 손을 볼 수 있었다.

뒤를 돌아보니 거대하고 흉측한 귀신들이 보였다. 키가 약 6미터, 9미터, 15미터 정도 되는 것들도 있었다. 그것들이 으르렁거렸지만, 예수님의 권능 때문에 우리 근처로는 오지 않았다. 그 후 예수님과 나는 즉시 산마루로 돌아왔다. 주님이 말씀하셨다. "캐서린, 밖에 있는 내 백성에게 시온에서 나팔을 불라고 전해라. 내가 그들을 택했으며 회개하고 돌아오라고 부르고 있다고 말이다. 그들은 나를 위해 일하고 사역하며 잃어버린 영혼들을 영원한 저주에서 구원하게 될 것이다."

그분이 말씀하셨다. "네 오른편을 보아라." 오른편으로 고개를 돌리자, 산 아래쪽으로 높이와 너비가 30미터 정도 되는 거목이 오물과 더러운 바위와 불 가운데 우뚝 서 있는 것이 보였다.

순식간에 우리는 다시 산 아래로 내려와 거목 곁에 서 있었다. 썩은 것들과 악한 것들로 가득한 그것은 끔찍한 죽음의 냄새를 풍기고 있었다. 나는 "이건 뭐예요, 주 예수님?" 하고 물었다. 그분은 "이것은 사탄이 키우는 악의 나무란다." 하고 대답하셨다. 즉시 그 나무가 변하더니 아주 튼튼하게 보였다. 마치 좋은 열매를 맺은 것처럼 보였다. 나는 "주님, 이건 무슨 뜻인가요?" 하고 물었다. 그분은 계속 보라고 말씀하셨다. 다시 보니, 그 나무는 금으로 변해 있었다. 그 후 은으로 변했다가 다시 본래 모습인 썩은 나무로 돌아왔다. 예수님이 말씀하셨다. "나는 나의 신부를 의의 나무로 불렀단다(사 61:3). 그런데 사탄이 나의 신부를 악의 나무로 타락시키고, 나의 백성을 금과 은과 더러운 것들로 유혹하고 있다."

악의 나무의 열매에는 벌레와 구더기가 들끓고 있었고, 그것들이 나뭇가지에서 후드득 떨어졌다. 예수님이 말씀하셨다. "사람들이 맺는 열매가 이와 같다. 그들은 나의 거룩한 성경을 겸손과 선을 행하며, 용서하는 데 사용하지 않고, 탐욕과 정욕을 채우고 돈을 사랑하는 일에 사용하고 있다." 예수님이 말씀하실 때, 나무가 다시 금으로 변하면서 커다란 금화가 주렁주렁 열렸다. 나는 이 모든 것이 환각이라는 생각이 들었다. 예수님이 말씀하셨다. "그렇다. 이것은 마귀가 신부를 속이는 데 사용하고 있는 환각이다. 캐서린, 그리스도의 참된 신부는 일어나 나를 찬양하며 좋은 일이든 나쁜 일이든 모든 것에 감사한다. 온전히 내게 순복한다. 나는 그들의 왕이다. 권능의 왕이다. 나는 그들을 위해 무엇이든 할 수 있다."

우리 가운데서 역사하시는 능력대로 우리가 구하거나 생각하는 모든 것에 더 넘치도록 능히 하실 이에게 교회 안에서와 그리스도 예수 안에서 영광이 대대로 영원무궁하기를 원하노라 엡 3:20-21

나는 다시 나무를 쳐다보았다. 그런데 나무에 악하고 이상하게 생긴 것들이 달려 있었다. 너무 사악한 것이라 뭐라고 묘사해야 할지 모르겠다. 그러나 나무는 그것을 즐기고 있는 것 같았다. 생기가 돌더니 갑자기 잎이 초록색으로 변했다. 새 이파리도 나오고 있었지만, 그 안에는 마귀의 얼굴이 있었다. 나는 물었다. "주님, 이건 뭔가요?" 그분이 말씀하셨다. "이것은 나의 신부를 타락시키려고 사탄이 사용하는 주술과 흑마술, 백마술이다. 나의 신부는 세상을 갈망해서는 안 된다. 나의 백성은 세상을 향한 욕망을 버리고 나를 의지해야 한다. 지금은 다른 어느 때와도 다르다. 내가 여기서 보여 주는 것들이 나의 신부를 깨어나게 할 것이다. 나는 나의 백성과 다른 이들에게 회개하라고 외치고 있다."

우리는 산마루에서 내려와 또 다른 곳으로 이동했다. 거기에는 거대한 은행 금고 같은 것이 있었는데, 그것은 쓰레기 더미에 얹혀 떠다니고 있었다. 그 후 나는 귀신들이 와서 그 금고를 여는 것을 보았다. 그들은 금, 지폐, 동전 등의 재물을 금고 안에 넣었다. 그리고 웃으며 말했다. "우리가 사람들을 속여 그들의 돈을 빼앗았다. 우리는 그들이 잘못된 곳에 투자하게 만들었지. 우리가 그들을 거짓말쟁이로 만들었어. 사탄이 우리를 자랑스럽게 생각할 거야!" 귀신들은 자신들이 세상에서 저지른 악행들을 늘어 놓고 있었다. 그 후에도 다른 많은 귀신들이 와서 세상 사람들에게서 빼앗은 보화들을 금고 안에 넣었다.

그 금고가 떠다니고 있는 냄새 나는 쓰레기 더미 위로 다리 하나가 보였다. 나는 주님을 바라보며 물었다. "예수님, 저건 뭔가요?" 그러자 그분은 이렇게 말씀하셨다. "깨어나라, 나의 신부, 나의 백성아! 나의 신부, 나의 백성에게 어리석은 일들에, 거짓과 쓰레기 같은 것들에 더 이상 돈을 허비하지 말라고 전해라. 먼저 하나님 나라를 구하면 이 모든 것들을 더할 것이라고 나의 신부에게 말해 다오(마 6:33). 나의 신부에게 진리와 의를 깨우치고, 죄를 회개하라고, 진심으로 뉘우치라고 선포해라.

그 금고 안에는 내가 나의 신부를 위해 예비한 것들이 들어 있다. 하지만 마귀가 그것들을 빼앗아 갔다. 나의 백성은 '아브라함과 이삭과 야곱은 어떠한가? 그들은 풍성하지 않았는가?' 하고 말한다. 그렇다. 너희는 필요한 것을 가질 수 있고, 너희 중에는 풍성함으로 하나님 나라를 돕고 섬길 자들도 있다. 하지만 나의 신부야, 네 안에 탐욕이 있구나. 네 안에 탐욕과 정욕의 영이 있다. 회개하라, 나의 신부야. 네 탐욕과 정욕을 회개하라."

> 이익을 탐하는 모든 자의 길은 다 이러하여 자기의 생명을 잃게 하느니라 잠 1:19

세상을 위하여 기도하며 하나님의 모략을 구하라

우리는 또 다른 지역으로 갔다. 거기서 예수님은 깜짝 놀랄 만한 환상을 보여 주셨다. 큰 술집 혹은 숙박 시설 같은 것이 보였다. 그것은 세상에서 흔히 볼 수 있는 것이었다. 안에는 수영을 하는 사람들도 있었고, 바에 앉아 술을 마시는 사람들도 있었다. 그들은 모두 취해 있었고 악해 보였다. 한 남자가 자리에서 일어나더니 갑자기 다른 사람을 칼로 찔렀다. 칼에 찔린 남자가 총을 쐈지만, 또 다른 사람이 그를 쐈는지 갑자기 쓰러져 죽었다. 나는 비명을 질렀다. "아, 주님, 이것이 바로 오늘날 세상에서 벌어지고 있는 일이군요."

그 후 예수님은 내가 알지 못하는 어떤 것을 살짝 보여 주셨다. 끔찍한 타락과 폭력이 난무하는 세상의 모습이었다. 예수님이 말씀하셨다. "나의 신부를 깨워 기도하게 하라." 그분은 내게 성적 대상으로 이용당하고 있는 어린아이들을 보여 주셨다. 마치 땅에서 자행되고 있는 온갖 더러운 것들을 영화로 보고 있는 것 같았다. 예수님이 말씀하셨다. "나의 신부에게 깨어서 기도하라고 말해라. 나의 백성에게 그들의 죄를 회개하라고 전해 다오." 나는 "예수님, 아, 예수님." 하고 탄식했다.

예수님이 말씀하셨다. "가자. 네게 보여 줄 게 아주 많구나." 우리는 거대한 우리들이 즐비한 지역으로 이동했다. 나는 그 우리들을 보며 울음을 터뜨렸다. 주님도 곁에서 울고 계셨다. 예수님은 "캐서린, 가서 보자." 하고 말씀하셨다. 각각의 우리 안에는 반인반수가 있었다. 그분이 말씀하셨다. "인간은 사람을 짐승으로 만들면서 하나님을 흉내 내려 하고 있다. 그들은 군대를 일으키려고 한다. 아버지께서 이 때문에 마음 아파하시고, 나 역시 그렇다. 나의 신부가 깨어 기도하며 그분의 모략을 구하고 내가 말하는 것을 행하지 않으면, 하나님이 큰 심판으로 이 땅을 멸망시키실 것이다. 세상에 감옥을 갖춘 비밀 실험실들이 있다. 땅이여! 너에게 화가 있다. 이런 일들을 행하는 자들에게 화가 있다! 그들은 과학을 위한다는 미명하에 감옥에 갇힌 자들을 이용하여 실험을 행하고 있다. 실험이 끝난 후 수감자들은 쥐도 새도 모르게 사라진다. 땅에서 이런 악한 일을 행하는 자들에게, 사람을 실험 대상으로 삼는 자들에게 화가 미칠 것이다."

내가 다시 울기 시작하자 예수님이 말씀하셨다. "와서 이것을 보아라. 나의 신부를 깨워라. 시온에서 나팔을 불어라."

우리는 다른 지역으로 이동해서 또 다른 환상을 보았다. 예수님이 자세히 보라고 말씀하셨다. 나는 '죽음'이라는 글자가 적힌 큰 병원을 보았다. 병원 안은 수많은 임산부들로 붐볐다. 그들은 한 번에 다섯 명씩 수술실로 들어가고 있었고, 의사들이 중절 수술을 행하고 있었다. 바닥은 임산부들의 피로 흥건했다. 죽은 여인들도 있었는데, 일부 여인들과 아기들은 실제로 의사들이 죽인 것이었다. 나는 외쳤다. "하나님, 어떻게 이런 일이 있을 수 있지요?" 그분이 말씀하셨다. "이곳은 비밀 실험실이란다. 아기들을 보아라." 아기들의 모습은 반인반수였다.

그 순간 나는 수년 전에 이와 같은 환상을 받았던 것이 기억났다. 깊은 기도 가운데 주님이 이것을 보여 주셨는데, 지금까지 한 번도 드러나게 말한 적이 없었다. 예수님은 이렇게 말씀하셨다. "지금이 바로 이와 같은 악을 중단하라고 세상에 경고할 때다. 지금이 바로 나의 백성이 일어나 하나님께 지혜와 지식을 구해야 할 때다."

하나님의 부르심

예수님과 나는 다시 산마루로 돌아왔다. 그분이 말씀하셨다. "거둘 때가 있고, 뿌릴 때가 있다. 이 책은 정확한 시기에 출간될 것이다.

세상에는 좋은 교회와 좋은 지도자들이 많이 있다. 하지만 나는 더 많은 이들이 일어나 나의 부름에 응답하고 하나님의 택함을 받기를 바란다. 하나님의 부르심을 받은 자들은 시험과 시련의 시간을 지나게 된다. 그것은 마치 군대와 같다. 군대가 전선에 배치되려면 많은 훈련을 통과해야 한다. 하나님의 부름에 응답하면, 사탄은 그에게 어떤 상황들을 겪게 하겠지만, 하나님이 항상 건져 주실 것이다. 그분은 경건한 자들을 유혹에서 건져 내는 방법을 알고 계신다(벧후 2:9). 하지만 내게는 세상 염려에서 벗어나 내가 하는 말에 귀 기울이는 자들이 더 필요하다. 캐서린, 내가 너를 선지자와 예언자, 작가로 택했다. 너는 이 일들을 보고 전하기 위하여 세상에 태어났다. 네가 이 일을 감당하는 동안 내가 너와 네 자녀와 가정과 후손들에게 복을 주겠다. 네가 나에게 신실하고 의로운 까닭에 내가 너를 지속적으로 축복할 것이다. 작은 자야, 너는 의의 나무로 좋은 열매를 맺고 있단다."

지옥의 산마루에 앉아 있는 동안, 나는 예수님이 내게 말씀하시고 격려하신 것에 대해 생각했다. 사방에 그분께 순종하지 않은 수많은 영혼들이 있었다. 나는 지옥이 실제로 존재한다는 사실을 받아들이지 않는 수많은 영혼들을 보았다. 나는 다시 마음이 슬퍼졌다. 나는 주님의 손을 붙들고 울었다. 주님도 함께 우셨다. 그분은 이렇게 말씀하셨다. "캐서린, 나는 지옥을 본 다른 사람들도 세웠단다. 지옥에 대해 증언한 자들도 있었지만, 그것을 두려워한 자들도 있었다. 또 '싫어요. 저는 절대로 말하지 않을 거예요. 사람들은 제가 미쳤다고 생각할 거예요.' 하며 거절한 자들도 있었다. 보아라, 나는 아무에게도 말하지 않은 은밀한 것들을 네게 알려 주었다. 나에게는 네게 계시해 줄 것이 아주 많다. 사람들이 성경 말씀과 사도, 선지자, 복음 전도자, 목사, 교사의 음성에 귀 기울인다면 하나님의 부르심이 얼마나 중요한지 깨닫게 될 것이다. 그러면 원수가 와서 그를 세상의 염려로 붙잡아 두려고 갖은 술수를 쓸 것이다."

> 또 어떤 이는 가시떨기에 뿌려진 자니 이들은 말씀을 듣기는 하되 세상의 염려와 재물의 유혹과 기타 욕심이 들어와 말씀을 막아 결실하지 못하게 되는 자요 좋은 땅에 뿌려졌다는 것은 곧 말씀을 듣고 받아

삼십 배나 육십 배나 백 배의 결실을 하는 자니라 막 4:18-20

기도하고 있을 때, 성령님은 이렇게 말씀하시곤 했다. "내가 부르고, 부르고, 불렀단다. 회개하고 내게 돌아오라고 사람들에게 외쳤다. 내가 외쳐 불렀지만 그들은 내게 오지 않았다. 그들은 이 세상의 염려로 너무 분주해서 내가 하는 말에 귀 기울이지 않았다."

우리는 하나님과 함께하는 시간을 가져야 한다. 물론 일상의 문제들을 해결할 시간도 있어야 한다. 자녀들과 보내는 시간도 있어야 하고 다른 일들을 위한 시간도 가져야 한다. 하지만 하나님을 최우선 순위에 두지 않으면, 그 모든 것들이 엉망이 되고 말 것이다. 물론 우리가 실수하거나 기대에 못 미칠 때도 있을 것이다. 하지만 하나님은 그것조차 이해하신다. 우리가 실패하거나 실수한다고 우리를 짓밟으시거나 멸망시키는 분이 아니다. 그분은 우리를 너무나 사랑하신다. 그분은 우리와 우리의 자녀, 그리고 우리의 자손들까지도 생각하신다. 그분은 우리가 사랑하는 모든 이들을 돌보신다. 그분은 우리를 위해 십자가를 지시고, 보혈을 흘리셨으며, 우리와 언약을 맺으셨다. 넘어지더라도 우리에게는 우리와 맺은 언약을 지키시는 하나님이 있다. 우리를 택하시고, 소망을 주시며, 우리를 너무나 사랑하시고, 우리가 계속 나아가기를 진심으로 원하시는 분이 있다.

나는 구원자이신 예수님을 바라보았다. 그분의 얼굴은 빛나고 있었다. 그분이 나를 만지시자 나는 힘을 얻었다. 지금도 그분은 나를 만지며 힘을 주고 계신다. 나는 내 삶을 향한 하나님의 부르심을 돌아본다. 진실로 하나님의 택함을 받는 것보다 더 영광스러운 일은 없다. 하지만 목사나 복음 전도자, 그 외의 오중사역자들이 자신의 삶에 관해 책을 쓰게 된다면, 내가 겪은 것들과 비슷한 시련과 아픔들을 묘사하리라는 것을 나는 잘 안다. 그 책에는 아마도 그들이 경험한 말 못할 어려움들이 소개될 것이다. 그들이 얼마나 하나님을 사랑하는지, 사탄이 와서 육신의 정욕으로 미혹할 때 어떻게 거절할 수 있었는지, 하나님께 소망을 두고 그분이 기뻐하시지 않는 세상의 수많은 즐거움들을 어떻게 거절했는지 보여 줄 것이다.

하나님의 지도자들과 그분의 자녀들에게는 막중한 책임이 있다. 이 책은 그리스도의 몸과 자기 죄를 회개하고 예수님을 자신의 주와 구원자로 영접하는 이들에게 하나님의 풍성한 지혜와 지식을 선사할 것이다.

하나님, 감사합니다. 주님을 사랑하고 신뢰합니다. 주님은 우리의 아버지이며 구세주이고 치료자이며 구원자이십니다.

정기적으로 하나님과 함께하는 시간을 갖고 있는가? 그렇지 않다면, 오늘부터 날마다 하나님을 경배하고 기도하며 그분의 말씀을 읽고 그분의 모략을 구하는 시간을 따로 가지라. 지금 당장 시작하라. 우리가 사랑하는 이들과 오늘날의 세상을 위해 어떻게 기도해야 할지 가르쳐 달라고 구하라.

CHAPTER 14

다시 문으로

다음 날 밤, 예수님은 나를 지옥으로 데려가시며 말씀하셨다. "캐서린, 가자. 오늘은 전에 말한 대로 지옥의 여러 문들로 돌아갈 것이다." 나는 10장과 11장에서 어떻게 '죽음의 방'에 이르게 되었고 큰 뱀 곁에 있는 열린 문들로 들어가게 되었는지 묘사한 바 있다. 각각의 방은 마귀의 악행을 보여 주었다. 사탄이 미혹과 속임수로 그리스도의 몸에서 빼앗고 사로잡은 것들, 다시 말해 세상 사람들에게 영향을 미치고 있는 것들을 보여 주었다.

문1 안에는 아름답고 진귀한 것들이 많이 있었고, 문2 안에는 전 세계의 돈이 무더기로 쌓여 있었다. 이것들은 마귀가 하나님의 백성에

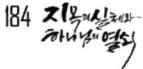

게서 강탈한 복으로, 복음을 전파하고 가난한 사람들을 돕는 데 사용할 것들을 고갈시킨 것이었다. 문3은 사탄의 속임수로 죽은 수많은 아기들의 관에 대한 환상이었다. 문4는 일종의 영화관으로 사탄이 유사 이래 저질러 온 온갖 악행을 보여 주었다.

다시 돌아가서 보니, 뱀 곁에는 열다섯 개의 열린 문과 다섯 개의 닫힌 문이 있었다. 이번 장에서 나는 문5부터 문7까지를 묘사할 것이다. (다른 문들에 관해서는 다음 책에서 설명하겠다.)

문5를 통과하다

문5로 들어서자, 예수님이 생각으로 말씀을 주셨다. '마귀가 사람들 사이의 소통과 나와의 소통, 내게 하는 기도, 가족과 다른 이들을 위한 기도를 훔쳐 갔다. 내가 나의 백성에게 기대하는 소통을 빼앗아 갔다.'

문5 안쪽은 회사나 은행 사무실처럼 보이는 넓은 방이었다. 거기에는 책상과 컴퓨터, 프린터, 스피커, 서류들이 있었다. 나는 예수님께 물었다. "이건 뭐예요, 주님?" 그분은 이렇게 대답하셨다. "마귀가 내 백성과 나의 소통뿐 아니라 가족 간의 소통도 훔쳐 갔다. 내 백성은 서로 소통하며 기도해야 함에도 싸우고 논쟁하며 세상의 일들을 행하고 있다. 마귀가 사람들의 소통을 가로막을 때가 있는 것은 분명하다. 마귀는 사람들을 이간질하고 분열을 일으키려고 악한 계책을 부린다. 예를 들어, 사역이 잘되어 가면 일꾼들이 많아지고 지도자가 그들에게 지시를 내리게 된다. 그런데 그렇게 지시를 받는 이들 중에는 아직 육신에 대해 죽지 않은 자들이 있다. 그들은 나와 함께하는 동시에 세상에도 속한 자들이다. 그들은 세상을 이기지 못하고 있지만, 나는 그들이 이기기를 바란다. 나는 그들이 불평하고 투덜대는 것을 멈추고, 서로 그리고 하나님과 소통하기 위해 나의 모략과 얼굴을 구하기를 바란다."

> 그러므로 나의 사랑하는 자들아 너희가 나 있을 때뿐 아니라 더욱 지금 나 없을 때에도 항상 복종하여 두렵고 떨림으로 너희 구원을 이루라 너희 안에서 행하시는 이는 하나님이시니 자기의 기쁘신 뜻을 위하여 너희에게 소원을 두고 행하게 하시나니 모든 일을 원망과 시비가 없이 하라 이는 너희가 흠이 없고 순전하여 어그러지고 거스르는 세대 가운데서 하나님의 흠 없는 자녀로 세상에서 그들 가운데 빛들로 나타내며 생명의 말씀을 밝혀 나의 달음질이 헛되지 아니하고 수고도 헛되지 아니함으로 그리스도의 날에 자랑할 것이 있게 하려 함이라 빌 2:12-16

예수님은 이어서 말씀하셨다. "지금은 세상이 정신을 차리고 다른 누군가를 고의로 아프게 하고 상처 준 것을 깨달아야 할 때이다. 나는 부지불식간에 일어난 일을 말하는 것이 아니다. 일부러 고의로 조종하려는 목적으로 그렇게 했다면, 회개해야 한다는 것이다. 너희는 거룩하고 네 형제자매와 화목하라. 일어나는 일들의 옳고 그름을 보여야 할 때도 있다. 하지만 항상 나의 얼굴과 모략을 구하고, 내게 순종하여라. 내가 네게 명령한 것을 행하고, 나의 거룩한 말씀을 읽어라."

나는 주님을 바라보며 이렇게 물었다. "주님, 우리가 삶 가운데 다른 사람들에게 상처 주거나 기분을 상하게 할까 봐 소통하지 않으면서 중요한 문제들을 해결하지 않고 있다는 말씀인가요?" 주님이 말씀하셨다. "그렇다. 나의 백성이 내가 그들을 사랑한다는 것과 은혜와 용서를 베푼다는 것을 알았으면 좋겠다. 나는 그들이 다시 소통하고, 다시 사랑하며, 다시 나누었으면 한다. 나는 아버지의 마음을 자녀에게로, 자녀의 마음을 아버지에게로 돌이키기 원한다. 물론 이것은 사람들의 마음이 하나님 아버지께 회복된다는 말이기도 하다. 나는 엘리야의 영처럼 너희 관계를 회복시키기 원한다(말 4:6; 눅 1:17). 나는 내 백성들의 관계와 그들과 하나님의 관계를 회복시키고자 한다. 너희는 나의 이름으로 그렇게 할 수 있다. 너희는 이제 언제든지 내 이름의 권세로 하나님께 나아가 성소로부터 도움을 청할 수 있다"(시 20:2).

권능이 예수님의 얼굴에 임해 있었다. 물론 권능은 이미 임해 있었지만, 나는 새로운 소망 같은 것이 비치는 것을 보았다. 그래서 나는 "주님 주변에 소망이 가득한 것처럼 보여요." 하고 말했다. 그러자 그분은 이렇게 말씀하셨다. "그렇다. 나는 사랑과 용서의 하나님이다. 내 말씀의 계시가 나의 신부를 깨우고 백성에게 소망을 회복시킬 것이다. 그들이 나와 소통하며, 내게 그들의 고통과 슬픔을 고하게 해라. 내가 그들을 돌보겠다. 이는 내가 그들을 조건 없이 사랑하기 때문이다. 나는 죄와 악은 미워하지만 나의 백성은 사랑한다. 그들이 악을 행하고 있을지라도 나는 그들을 사랑한다. 세상의 일들을 행하던 수많은 나의 백성들이 돌아왔다. 그들은 마음을 정하고 악한 길에서 돌이켜 하나님께 돌아왔다. 내가 그들이 이길 수 있도록 도와주었다. 이것이 나의 말씀이며 나의 약속이다. 성령님은 위로자이다. 캐서린, 가자. 이제 우리는 문6과 문7로 갈 것이다."

예수님의 말씀을 듣고 깨어나라! 우리는 하나님께 돌아가야 하며, 우리가 상처 주고 공격했던 이들과의 관계를 회복해야 한다! 다른 사람들을 조종하고 학대하는 것은 죄다. 그것은 육체의 욕심이 드러난 것이며 "육체와 마음이 원하는 대로 행한 것"이다(엡 2:3). 회개하고 그리스도를 영접하지 않은 자들, 하나님의 사랑 안에 거하지 않는 자들은 자신들이 저지른 조종의 결과에 직면하게 될 것이다. 나는 지옥의 다른 곳에서 고층 건물을 연상시키는 거대한 진흙 더미가 사방에 쌓여 있는 것을 본 적이 있다. 꼭대기에서는 마치 화산이 폭발하듯 진흙이 분출하고 있었고, 그 걸쭉한 '진흙 용암'은 강으로 흘러들어 갔다. 그 진흙 속에는 세상에서 사람들을 조종하던 영혼들이 갇혀 있었다. 그들은 진흙 탑 속에서 진흙의 흐름을 따라 위로 올라갔다가 꼭대기에서 흘러나와 다시 강으로 흘러들어 가는 순환을 끝도 없이 반복하며 죽을 듯이 비명을 질러 대고 있었다.

그러므로 겸손히 주님께 나아가자. 우리의 모든 죄를 회개하고, 하나님과 이웃을 사랑하는 법을 배우자.

> 그러므로 하나님의 능하신 손 아래에서 겸손하라 때가 되면 너희를 높이시리라 너희 염려를 다 주께 맡기라 이는 그가 너희를 돌보심이라
>
> 벧전 5:6-7

문6을 통과하다

나는 "주님, 문6 안에는 뭐가 있나요?" 하고 물었다. 예수님이 말씀하셨다. "나의 백성을 깨워라. 그들이 들을 수 있게 경고의 나팔을 불어라." 나는 도대체 문6 안에는 뭐가 있을지 궁금해졌다. 문6 안에는 퍼즐과 게임들이 여기저기 널려 있었다. 장기판들과 한 번도 본 적 없는 각종 게임들이 있었다. 예수님이 말씀하셨다. "이것은 게임의 문이라 불린다. 사람들이 하나님을 속이고 협박하는 곳이지." 벽에는 "하나님이 이렇게 해 주시지 않으면, 그렇게 하지 않을 거예요." 하는 문구가 쓰여 있었다.

그리고 사람들의 목소리가 들려왔다. "내 아이가 죽은 것은 다 하나님 때문이에요." "하나님, 당신이 도대체 뭔데? 나는 그렇게 하지 않을 거야." 하며 따지는 소리도 들렸다. 수많은 남녀들이 온갖 종류의 변명을 늘어 놓고 하나님을 판단하는 말들을 해 댔다. 심지어 하나님께 이렇게 말하는 소리도 들렸다. "글쎄요. 나는 사탄에게 갈 거예요. 그

가 내게 더 많은 것을 줄 수 있으니까요. 나는 다른 신을 따를 겁니다. 나는 당신을 믿지 않아요." 이런 말들이 방 안에서 오가고 있었다. 나는 예수님께 말했다. "주님, 정말 끔찍해요. 사람들이 하나님을 대적하며 이렇게 끔찍한 말들을 하는군요."

게임을 하려고 테이블에 앉아 있는 사람은 없었지만, 퍼즐 조각들이 제멋대로 움직이고 있었다. 마치 어떤 힘이 그것들을 통제하고 있는 것 같았다. 그러나 들어맞거나 제대로 되는 것은 아무것도 없었다. 그때 테이블 위에 글자가 나타나기 시작했다. 누가 그것을 쓰고 있는지는 모르겠지만, 하나님을 모독하고, 탓하며, 하나님을 떠나 악한 귀신들에게 가겠다는 식의 말들이었다.

나는 이런 악한 일들이 사탄의 노력으로 사람들이 배도한 결과라는 것을 확실히 깨닫게 되었다. 하지만 성령님이 하나님의 말씀과 예언을 사람들에게 주시면 이와 정반대의 일이 일어난다. 많은 이들이 변화되어 하나님께 돌아오며 소망을 회복하고 성경을 읽게 된다.

문6의 교훈은 대단히 중요하다. 깨어나라, 그리스도의 신부여! 뭔가 일이 잘못되어 가는 것처럼 보일 때, 하나님을 탓하며 증오하지 마라. 그것은 엄청난 오해를 하고 있는 것이다. 전능하신 하나님은 마음만 먹으면 당장이라도 당신을 쳐서 멸하실 수 있다. 그럼에도 그분은 당신을 사랑하셔서 돌보아 주신다. 그분을 탓하지 말고 그분께 돌아오라. 그분은 당신을 도우실 수 있다.

문6을 떠나며 나는 매우 화가 나서 말했다. "예수님, 정말 말도 안

되는 끔찍한 일이에요." 아직 들어가 보지 않은 다른 문들을 내려다보며 내가 이것을 감당할 수 있을지 모르겠다는 생각이 들었다. 그러나 우리는 계속 나아갔다.

문7을 통과하다

문7로 들어가며, 예수님이 말씀하셨다. "이것은 환상이다. 우리는 어느 교회의 예배를 보게 될 것이다." 많은 사람들이 손을 들고 하나님을 찬양하고 있었다. 간신히 손을 들고 하나님을 찬양하는 사람들도 있었는데, 그런대로 괜찮아 보였다. 예수님이 말씀하셨다. "나는 사람들의 마음을 읽는단다"(대상 28:9). 사람들이 손을 내릴 때, 나도 그들의 마음을 읽을 수 있었다. 많은 이들의 마음이 깨끗하지 않았다. 많은 이들이 죄 중에 머물러 있었다. 검은 마음을 가진 이들도 있었고, 하얀 마음을 가진 사람들도 있었다.

예배가 끝나고 사람들이 떠났다. 그들 중에는 차에 타자마자 하나님을 저주하고 욕하는 사람들도 있었다. 그들은 조금 전까지 하나님을 찬양하던 이들이었다. 어떤 사람은 교회를 나선 후 고주망태가 되었고, 또 다른 사람은 나가서 마약상과 거래를 했으며, 그 외에도 다른 악한 일들을 행했다.

주님이 말씀하셨다. "캐서린, 내가 부른 많은 이들의 마음속에 죄가 가득하다. 내가 그들을 사랑한다는 것을 알려 주고 싶지만, 나는 그들을 변화시키기 원한다. 나를 찬양할 때 밝은 빛을 발하던 자들은 이긴 자들이다. 나는 내 백성이 육신의 죄를 이겼으면 한단다. 나는 그들이 나를 부르며 도와달라고, 건져 달라고 구했으면 좋겠다. 비록 그들이 아직 이기지는 못하더라도, 나의 집에 와서 배우는 것은 좋은 일이다. 내가 너에게 지옥의 이런 상황을 보여 주는 것도 바로 이 때문이다. 이러한 속임수와 탐욕 그리고 세상으로 다시 이끄는 것들은 지옥에서 나온 것이란다. 나는 나의 백성에게 자유를 주려고 왔다. 나는 그들에게 자유와 사랑을 주려고 왔다."

> 주는 영이시니 주의 영이 계신 곳에는 자유가 있느니라 우리가 다 수건을 벗은 얼굴로 거울을 보는 것같이 주의 영광을 보매 그와 같은 형상으로 변화하여 영광에서 영광에 이르니 곧 주의 영으로 말미암음이니라 고후 3:17-18

예수님이 말씀하셨다. "이제 내가 다른 교회의 예배를 보여 줄 것이다." 첫 번째 환상이 사라졌다. 나는 우리가 아직 이기지 못하고 있을지라도 여전히 우리를 이끄시는 하나님의 은혜에 감사드린다. 이어진 환상에서는 하나님의 능력이 교회 안에서 놀랍게 운행하고 있었다. 그 교회가 어디인지는 모르겠다. 하지만 교회 뒤편에 앉아 있던 소수의 사람들을 제외하고, 소리 높여 찬양하는 모두가 전심으로 하나님을 향해 불타오르고 있었다.

예수님이 말씀하셨다. "캐서린, 이 책으로 내 백성을 자유롭게 하여라. 내 백성에게 자유를 선포해라." 그분은 소리 높여 외치셨다. "자유! 하나님이 계신 곳에 자유가 있다!"

주님, 정말로 놀랍고 멋지고 아름답습니다!

은사 회복하기

삶 가운데 일이 잘못되어 가고 있는 것처럼 보일 때, 당신은 어떻게 반응하는가? 하나님을 탓하는 경향이 있는가? 아니면 그런 상황 속에서도 그분을 계속 신뢰하고 감사하는가? 하나님을 탓하게 될 때, 우리는 사탄에게 문을 열어 주고 하늘에 계신 아버지와 그분의 진리에서 멀어지게 된다. 하나님은 우리를 조건 없이 사랑하시며 돌보아 주신다. 어떤 문제 때문에 하나님을 탓한 적이 있다면, 잘못된 상황 가운데 당신이 어떻게 느끼고 있는지 그분께 말씀드려라. 그런 상황에 그분을 원망한 것에 대해 용서를 구하라. 그리고 그 일을 선하게 사용해 달라고 구하라. 오직 하나님만이 그렇게 하실 수 있다. 그분은 당신의 기쁨과 영적인 힘을 회복시켜 주실 것이다.

우리가 알거니와 하나님을 사랑하는 자 곧 그의 뜻대로 부르심을 입은 자들에게는 모든 것이 합력하여 선을 이루느니라 롬 8:28

CHAPTER 15

주의 길을 준비하라

하나님이 내게 지옥의 계시를 주신 지 거의 40년이 지났다. 이 책에 내가 언급한 것들은 누구에게 말하거나 기록했던 것이 아니라서 마치 다시 그 일을 겪는 것처럼 느껴졌다. 예수님이 계시해 주신 이 모든 것들이 벅차게 느껴질 때도 있지만, 그분은 세계 모든 나라의 백성들을 위해 그렇게 하셨다. 그분은 그들이 하나님을 알고, 그분 안에서 자유로운 삶을 누리며, 영원토록 구원받기 바라신다.

예수님이 강력하게 나타나실 것이다

예수님은 지난 수년 동안 지옥의 더 많은 장소를 내게 계시해 주셨다. 예를 들어 그분은 '거짓 신들'이라고 쓰여진 커다란 표지판이 붙어 있는 곳을 내게 보여 주셨다. 그곳에서는 수많은 영혼들이 불타고 있었다. 불이 그들의 머리 위와 발 아래에서 나타났다. 그 불은 흘러가다가 좁은 공간에서 합류하여 폭발하며 치솟았고, 불에 타서 바싹 말라 버린 산등성이로 떨어졌다. 영혼들의 비명이 허공을 가득 채우자, 사탄은 뒤편에서 큰 소리로 웃음을 터뜨렸다. 사람들이 이 불에 떨어지지 않게 누가 막을 수 있을까?

위쪽을 올려다보니 컴컴한 구멍이 보였던 기억이 난다. 예수님이 빛을 비추시자 더 많은 해골들이 불 속으로 떨어지는 모습을 볼 수 있었다. 그때 예수님이 말씀하셨다. "가자. 네게 보여 줄 것이 또 있다." 나는 "그게 뭐예요, 주님?" 하고 물었다. 그분은 이렇게 대답하셨다. "나는 모든 남녀의 마음을 알고 있다. 그들이 내게 마음을 주면 내가 그들 안에 거하며 함께한다. 내가 그들을 가르치고 인도한다. 하지만 해치고, 죽이고, 훔치고, 거짓말하는 것을 주저하지 않는 악독한 마음을 가진 사람들도 많다. 그럼에도 나는 여전히 그들에게 일꾼들을 보내고 있다. 그들이 회개하도록 나의 말씀을 보내고 있다. 나는 그들에게 회개할 기회를 주고 있으며 나의 큰 자비와 은혜를 보내고 있다.

캐서린, 너도 알다시피 지옥에는 해골들의 뼈를 갉아먹는 벌레들이 수없이 많다. 그것은 말할 수 없을 정도로 끔찍한 고통이며 피할 수도 없다." 나는 생각했다. '하나님, 저를 구원해 주셔서 감사합니다. 제가 알고 있는 사람들을 구원해 주셔서 감사해요. 정말 감사합니다, 예수님. 이 세상에 구원자로 와 주셔서 감사합니다.' 예수님이 이렇게 말씀하셨다. "내 딸아, 내가 전에도 말했듯이 나는 지옥을 본 다른 사람들도 일으킬 것이다. 하지만 이 책이 영화로 만들어질 즈음에 지옥을 본 새로운 사람들을 일으킬 거란다. 그리고 이 세상에 내가 누구인지를 증거할 것이다. 나는 이런 일들을 행하여 말세에 나를 강하게 드러낼 것이다."

악은 숨지 못한다

우리가 걷고 있는 동안 허다한 무리가 불에 타고 있었다. 수많은 영혼들의 목소리가 귓전을 울렸다. "죽여 줘, 죽게 해 줘!" 예수님이 처음 내게 지옥을 보여 주신 이후로 수많은 영혼들이 그곳에 왔다. 나는 그것을 '알고' 있었다. 예수님은 이렇게 말씀하셨다. "캐서린, 그렇다. 나는 네게 새로운 것들을 계시하고 있다. 그것은 너무나 슬프고도 강력한 것이다. 네가 여기서 보고 들은 것으로 인해 이 지옥불에서 구원받을 사람들이 있을 것이다."

이와 같은 하나님의 지혜를 깨닫는 것이 너무나도 슬프고 괴롭다. 지옥은 정말 끔찍한 곳이다.

예수님은 계속 말씀하셨다. "세상에는 미혹하는 영들이 많다. 물론 나는 네 생각을 열고 네 기억을 돌려주어 네가 전할 이 모든 것들을 깨닫게 해 줄 것이다. 하지만 내가 지금 네게 보여 주고 알려 주는 것들 중에는 새로운 것들도 있단다. 하늘에 계신 하나님도 세상 법정처럼 정의의 저울을 가지고 계신다. 내 아버지는 의의 재판장이시며 거룩한 재판장이시다. 너는 이곳에서 변호사들과 의사들, 법정에서 거짓 증언을 한 도둑들, 심지어 돈 때문에 거짓말을 한 재판관들이 있는 장소를 보게 될 것이다. 물론 정의로운 변호사들이나 재판관들, 사람들에게 공평하게 대하는 의사들도 있다. 하지만 지금 나는 그런 공정한 이들에 대해 말하는 것이 아니다."

나는 그곳에서 멋지고 근사하게 차려입은 남녀의 모습을 보았다. 그런데 바닥이 흔들리더니, 불이 갑자기 땅에서 솟구쳐 올라와 그들을 삼켜 버렸다. 그들의 옷은 불에 타 없어졌고, 살점이 녹아 해골이 드러나며 죽여 달라고 비명을 질렀다. 예수님이 말씀하셨다. "나의 말씀에는 '변호사들lawyers(율법교사)에게 화가 있을 것'이라고 기록되어 있단(눅 11:46, 52). 캐서린, 그들은 무고한 많은 이들을 감옥으로 보냈다. 그러면서 악인들은 풀어 주었지. 그들은 감옥에 갈 필요가 없는 남녀를 그곳으로 보내 버렸다. 그들은 많은 악행을 저질렀다. 간수들도 이곳에 있단다. 그들은 돈 때문에 그런 악을 저질렀다. 나는 사람들이 세상의 감옥에서 매 맞고 죽어 땅에 묻히거나 불태워지는 모습을 지켜보았다. 아무도 모르는 것 같지만, 내가 알고 있고 내 아버지도 알고 계신다. 이와 같은 일들이 수도 없이 드러나게 될 것이다. 하나님이 그분의 영을 보내어 그것을 드러내실 때, 조심하라, 세상아!"

다시 말하지만 정직한 변호사들과 재판관들, 사람들을 공평하게 대하는 간수들도 있다. 하지만 이와 같이 끔찍한 일들을 저지르는 이들도 있다.

그곳을 벗어나며, 나는 어찌할 바를 몰랐다. 예수님은 다시 한 번 "변호사들에게 화가 있다"고 말씀하셨다. 이 말씀들은 정말 성취되고 있다.

주 예수님이 몸을 돌려 내 눈을 들여다보시며 이렇게 말씀하셨다. "캐서린, 이제 우리는 가야 한다. 우리 여정의 끝이 다가오고 있다. 나는 너를 너무나도 사랑하고, 앞으로도 너와 함께하며 너를 도울 것이다. 내가 네 가족과 함께할 것이다. 사랑한다."

그 후 예수님은 말씀하셨다. "내일 밤에 다시 이곳으로 돌아오자." 그리고 나는 집으로 돌아왔다.

사탄의 환상은 부패한 것이다

다음 날 밤, 예수님이 오셔서 나를 한 번 더 지옥으로 데려가셨다. 주님은 "지금 우리는 지옥의 눈으로 가고 있단다." 하고 말씀하셨다. 우리는 깊이 파인 구멍이 있는 곳에 이르렀다. 지옥의 머리 아래쪽과 마찬가지로 그 구멍들 주변에는 바위처럼 보이는 것들이 있었다. 지옥의 입구가 열리더니 귀신들이 낄낄대는 모습이 보였다.

나는 물었다. "주님, 우리는 여기서 무엇을 할 건가요?" 예수님이 말씀하셨다. "보고 듣고 배워라." 지옥의 눈 주위로 벌레와 구더기들이 들끓기 시작했다. 사탄이 양동이 같은 것을 들고 오더니 그것으로 불타고 있는 것을 퍼서 귀신들에게 주었고, 귀신들은 그것을 불붙은 해골들에게 부었다. 그 불은 벌레나 나머지 더러운 것들은 태우지 않고 해골들만 태웠다. 사탄은 그 모습을 지켜보며 웃었다.

그리스도께서는 울고 계셨다. 그분은 내게 이렇게 말씀하셨다. "캐서린, 너는 이곳에 대해 세상에 전하게 될 것이다. 그리고 이 책은 영화로 만들어질 것이다. 세상은 내가 전능하신 하나님이라는 것을 알게 될 것이다. 사람들이 성경 말씀에 귀 기울이게 될 것이다. 그들은 아버지의 심판이 두려워서 그분께 돌아올 것이다. 아버지께서 너를 여기로 데려와서 이것들을 보여 주고 내가 이 땅에 재림할 때를 준비할 수 있게 허락해 주셨다. 나는 내가 언제 재림하게 될지 알지 못한다. 그것은 천사들도 알지 못하고 오직 아버지만 아신다(마 24:36). 하지만 나는 너희에게 말한다. '주의 길을 준비하라.'"

> 선지자 이사야의 책에 쓴 바 광야에서 외치는 소리가 있어 이르되 너희는 주의 길을 준비하라 그의 오실 길을 곧게 하라 모든 골짜기가 메워지고 모든 산과 작은 산이 낮아지고 굽은 것이 곧아지고 험한 길이 평탄하여질 것이요 모든 육체가 하나님의 구원하심을 보리라 함과 같으니라 눅 3:4-6

예수님이 "이제 가자." 하고 말씀하셨다. 우리는 그곳에서 신선한 공기가 있는 위쪽으로 날아올랐다. 나는 너무나도 감사했다. 하지만 우리가 떠나는 그 순간에도 계속 허다한 무리들의 비명과 이 가는 소리, 회한과 슬픔의 소리가 들려왔다. 나는 너무나도 슬펐고 무력감을 느꼈다. 집에 도착한 후, 예수님은 동이 틀 때까지 내 곁에 앉으셔서 "평안하고 잠잠하라"고 말씀해 주셨다.

예수 그리스도를 믿으라

예수님은 정말 온유하고 존귀한 분이다. 그분이 내게 부탁하셨고 또 그분이 당신을 사랑하시기에, 내가 이것을 당신에게 말하고 있는 것이다. 예수님은 당신이 지옥에 가는 것을 원하지 않으신다. 예수님은 아직 기회가 있을 때 당신이 회개하기를 바라신다. 그분은 당신이 아직 시간이 많이 남아 있다고 여기다가 갑자기 죽어 결국 지옥에 떨어지는 것을 원치 않으신다. 회개하고 주님을 신뢰하라. 그분을 위하여 살고 좋은 교회에 출석하기 시작하라. 천국과 지옥에 관한 진리를 당신의 가족과 이웃에게 전하고 하나님의 영이 그들을 구원하시게 하라. 그리스도께서 당신을 사랑하신 것처럼 서로 사랑하라(요 13:34).

지옥은 우리가 두려워해야 하는 장소이다. 그러므로 우리는 우리의 삶에 안주해서는 안 된다. 우리는 하나님의 심판을 두려워해야 한다.

하나님이 우리를 멸하실 수 있어서가 아니라, 그분을 경외하고 사랑하기 때문에 두려워해야 한다. 우리는 최선을 다해 그분의 말씀을 지켜야 한다. 그러다가 넘어지면 즉시 회개하라. 우리의 모든 죄를 회개하고 다시 한 번 하나님께 우리의 삶을 드리자.

나는 비평가들이나 사람들이 이 이야기를 비웃어도 전혀 개의치 않는다. 하나님이 당신에게 그분의 살아 계심을 보여 주실 것이다. 나는 당신이 그분을 믿지 않은 채 죽어서 영원한 지옥에서 깨어나지 않았으면 한다. 당신은 구원받을 수 있다. 하나님은 그분의 아들 예수 그리스도가 당신의 죄를 위하여 세상에 오셔서 십자가에서 죽으신 것을 믿으라고 말씀하신다. 그분은 죄를 회개하고 당신을 위한 예수님의 희생을 받아들이라고 청하고 계신다. 그렇게 하면 당신은 예수님의 보혈로 죄에서 정결해질 수 있다.

만일 예수님을 당신의 구원자로 여기고 있지 않다면, 지금 바로 그분을 영접하라. 아래의 기도를 통해 그분을 영접할 수 있다.

하늘에 계신 아버지,
저는 주님을 믿고 주님의 아들 예수 그리스도가 세상에 오셔서 저의 죄를 위하여 십자가에서 죽으신 것을 믿습니다. 저는 하나님이 그분을 죽은 자 가운데서 일으키셔서 영원히 살아 계신 것과 그분을 믿는 자는 누구든지 영생을 얻을 수 있다는 것을 믿습니다. 예수님이 저를 위해 행하신 것에 의지하여 제 모든 죄를 용서해 주시고 제 마음에 들어오셔서 제 영혼을 구원해 주시기를 간구합니다. 주님의 성령으로 저를 채우시고 오늘부터 주님을 위해 살 수 있게 도와주십시오. 저를 구원해 주시고 새 생명을 주신 것에 감사합니다. 예수님의 이름으로 기도합니다. 아멘.

무릇 하나님께로부터 난 자마다 세상을 이기느니라 세상을 이기는 승리는 이것이니 우리의 믿음이니라 예수께서 하나님의 아들이심을 믿는 자가 아니면 세상을 이기는 자가 누구냐 요일 5:4-5

자유 안에 서라

예수 그리스도를 이미 알고 있는 사람이라면, 그분이 우리를 자유롭게 하시려고 오셨다는 것을 기억하라. 주님은 내게 "이 책으로 나의 백성을 자유롭게 하라"고 말씀하셨다. 그리고 성경도 "그리스도께서 우리를 자유롭게 하려고 자유를 주셨으니 그러므로 굳건하게 서서 다시는 종의 멍에를 메지 말라"고 말씀하신다(갈 5:1).

하나님을 사랑하고 그분께 지속적으로 신실할 때 그리고 사탄의 속임수를 깨닫고 그것을 드러낼 때, 우리는 자유를 누릴 수 있다. 주님은 모든 기독교인들에게 회개하고 자신을 전적으로 그분께 드리며, 지옥의 실체를 깨닫고, 잃어버린 자들과 병든 자들과 마귀에게 눌린 자들을 위해 영적인 싸움을 싸우라고 외치고 계신다. 우리는 하나님이 주신 성령의 은사들을 발휘해야 한다. 또 하나님 나라의 열쇠들을 연구하고 부지런히 사용하여 사탄이 우리에게서 빼앗아 간 것들을 되찾아야 한다.

이 책에서 우리는 하나님 나라의 열쇠에 대해 나누었다. 아래를 참조하라.

- 묶고 풀기
- 예수님의 이름 사용하기
- 하나님께 순종하기
- 긍휼
- 사랑
- 겸손의 영
- 영적 분별
- 찬양
- 기도
- 의
- 하나님의 진리의 말씀
- 믿음
- 하나님의 불
- 성령의 은사
- 오중사역 은사의 회복

모든 죄를 회개하고 전심으로 예수님께 돌아가서 세속적인 것과 불

순종과 게으름과 탐욕을 거절하고, 하나님 나라의 열쇠와 예수님이 우리에게 주신 은사들을 사용할 때, 우리는 사탄을 무찌르고 원수가 우리에게서 빼앗아 간 하나님의 은혜와 복을 되찾을 수 있다. 지금이 바로 수많은 사탄의 사자들이 심판받을 때라는 예수님의 말씀을 기억하라. 심판이 임하면 그것들은 파멸하며 재가 될 것이다. 지금이 바로 묶고 풀 때다. 우리는 마귀를 이길 수 있고, 많은 사람들을 구원하고 자유롭게 하며, 하나님의 부요하심으로 인도할 수 있다. 우리는 예수님의 이름으로 사람들을 사탄의 권세에서 하나님께로 돌아오게 하여 구해 낼 수 있다(행 26:18).

이 책을 성경과 함께 읽으면서 여기 기록된 것과 성경 말씀 사이에 균형을 잡을 것을 권한다. 전심으로 예수님을 사랑하고 하나님의 영광을 위해 그분을 섬기라!

넘어져서 포기하고 싶은 마음이 들거든, 잊지 말고 예수님께 돌아가라. 그분은 항상 그 자리에서 당신을 일으켜 세워 주실 것이다. 그분께 돌아와 도움을 청하라. 그분은 당신을 다시 받아 주겠다고 약속하셨다(요 6:37).

영생을 받으라

이 책을 마치며, 주님이 내게 주신 환상을 나누고 싶다. 이 환상이 이 책에 대한 주님의 뜻을 잘 이해하는 데 도움이 되길 바란다. 나는 주님의 손을 보았는데, 빛이 그 위에 있었다. 주님은 왼손에 낡고 목이 긴 투명한 병을 들고 계셨다. 그분이 오른손으로 뚜껑을 여시자 병 안에 든 물이 살아 움직이기 시작했다!

    주님은 요한복음 4장 10-14, 23절과 7장 38절의 "생수"에 관해 읽으라고 말씀하셨다. 이 책의 목적은 그분의 생명수를 당신에게 부어 주는 것이다. 그분은 또한 요한복음 6장 35-58절의 "생명의 떡"에 관해 읽으라고 말씀하셨다. 그분께 나아가기만 하면, 그분과 그분이 우리에게 주시고자 하는 생명의 떡에 대해 깨닫게 될 것이다. 이 생명수와 생명의 떡은 영생이다. 그리스도를 영접하면, 우리는 그분과 함께 영생을 얻고 결코 죽지 않게 된다.

    하나님이 세상을 이처럼 사랑하사 독생자를 주셨으니 이는 그를 믿는 자마다 멸망하지 않고 영생을 얻게 하려 하심이라 요 3:16

회개하고 주님을 신뢰하라.

그분을 위하여 살고

좋은 교회에 출석하기 시작하라.

천국과 지옥에 관한 진리를

당신의 가족과 이웃에게 전하고

하나님의 영이 그들을 구원하시게 하라.

그리스도께서 당신을 사랑하신 것처럼

서로 사랑하라

A Divine Revelation of Satan's Deceptions

에 필 로 그

주님의 서재에 있는 말씀들

예언의 영(계 19:10)이 이렇게 말씀하셨다. "그렇다. 주님의 영이 말씀하신다. 이 책은 이렇게 끝이 나지만, 그리스도의 몸에 더 많은 계시를 풀어 놓기 위하여 또 다른 책이 출간될 것이다. 이 책은 나의 백성과 죄인들에게 자유, 자유, 자유를 가져다줄 것이다. 나는 이 책을 축복한다. 이 책은 세계 각국의 언어로 번역될 것이다. 내 딸아, 내가 이 책을 재정적으로도 축복한다. 이 책은 전능하신 하나님의 것이며, 아버지와 아들과 성령께 바쳐진 것이다. 나의 자녀들아, 이 책을 통해 내가 주려는 것은 자유다. 나의 신부여, 일어나라. 나의 신부여, 깨어나라. 나의 설교자들과 지도자들이여, 내게 돌아오라. 내가 너희를 사랑한다. 내게는 너희가 필요하다. 나의 복음을 전파하기 위해 세상에 있는 너희가 필요하다. 하나님의 일을 위해 너희가 필요하다. 하나님의 초자연적인 능력이 임하여 너희에게 환상과 꿈과 계시를 줄 것이다. 나의 자녀들아, 이것은 성령의 작품이다. 그렇다. 내가 말하노니, 이 책과 성경을 읽음으로 자유가 임할 것이다. 나의 자녀들아, 자유를 누려라. 이 모든 것은 주 예수 그리스도의 말이다."

사탄과 영적인 속임수와 시험에 관한 말씀들

사탄의 특징

[마귀는] 처음부터 살인한 자요 진리가 그 속에 없으므로 진리에 서지 못하고 거짓을 말할 때마다 제 것으로 말하나니 이는 그가 거짓말쟁이요 거짓의 아비가 되었음이라(요 8:44)

도둑이 오는 것은 도둑질하고 죽이고 멸망시키려는 것뿐이요(요 10:10)

죄를 짓는 자는 마귀에게 속하나니 마귀는 처음부터 범죄함이라 하나님의 아들이 나타나신 것은 마귀의 일을 멸하려 하심이라(요일 3:8)

근신하라 깨어라 너희 대적 마귀가 우는 사자같이 두루 다니며 삼킬 자를 찾나니(벧전 5:8)

큰 용이 내쫓기니 옛 뱀 곧 마귀라고도 하고 사탄이라고도 하며 온 천하를 꾀는 자라 그가 땅으로 내쫓기니 그의 사자들도 그와 함께 내쫓기니라 내가 또 들으니 하늘에 큰 음성이 있어 이르되 이제 우리 하나님의 구원과 능력과 나라와 또 그의 그리스도의 권세가 나타났으니 우리 형제들을 참소하던 자 곧 우리 하나님 앞에서 밤낮 참소하던 자가 쫓겨났고(계 12:9-10)

사탄의 속임수

여호와 하나님이 여자에게 이르시되 네가 어찌하여 이렇게 하였느냐 여자가 이르되 뱀이 나를 꾀므로 내가 먹었나이다(창 3:13)

거짓 그리스도들과 거짓 선지자들이 일어나 큰 표적과 기사를 보여 할 수만 있으면 택하신 자들도 미혹하리라(마 24:24)

만일 우리의 복음이 가리었으면 망하는 자들에게 가리어진 것이라 그중에 이 세상의 신이 믿지 아니하는 자들의 마음을 혼미하게 하여 그리스도의 영광의 복음의 광채가 비치지 못하게 함이니 그리스도는 하나님의 형상이니라(고후 4:3-4)

악한 자의 나타남은 사탄의 활동을 따라 모든 능력과 표적과 거짓 기적과 불의의 모든 속임으로 멸망하는 자들에게 있으리니 이는 그들이 진리의 사랑을 받지 아니하여 구원함을 받지 못함이라 이러므로 하나님이 미혹의 역사를 그들에게 보내사 거짓 것을 믿게 하심은 진리를 믿지 않고 불의를 좋아하는 모든 자들로 하여금 심판을 받게 하려 하심이라(살후 2:9-12)

또 내가 보매 천사가 무저갱의 열쇠와 큰 쇠사슬을 그의 손에 가지고 하늘로부터 내려와서 용을 잡으니 곧 옛 뱀이요 마귀요 사탄이라 잡아서 천 년 동안 결박하여 무저갱에 던져 넣어 잠그고 그 위에 인봉하여 천 년이 차도록 다시는 만국을 미혹하지 못하게 하였는데 그 후에는 반드시 잠깐 놓이리라(계 20:1-3)

사탄의 미혹

그때에 예수께서 성령에게 이끌리어 마귀에게 시험을 받으러 광야로 가사 사십 일을 밤낮으로 금식하신 후에 주리신지라 시험하는 자가 예수께 나아와서 이르되 네가 만일 하나님의 아들이어든 명하여 이 돌들로 떡덩이가 되게 하라 예수께서 대답하여 이르시되 기록되었으되 사람이 떡으로만 살 것이 아니요 하나님의 입으로부터 나오는 모든 말씀으로 살 것이라 하였느니라 하시니 이에 마귀가 예수를 거룩한 성으로 데려다가 성전 꼭대기에 세우고 이르되 네가 만일 하나님의 아들이어든 뛰어내리라 기록되었으되 그가 너를 위하여 그의 사자들을 명하시리니 그들이 손으로 너를 받들어 발이 돌에 부딪치지 않게 하리로다 하였느니라 예수께서 이르시되 또 기록되었으되 주 너의 하나님을 시험하지 말라 하였느니라 하시니 마귀가 또 그를 데리고 지극히 높은 산으로 가서 천하 만국과 그 영광을 보여 이르되 만일 내게 엎드려 경배하면 이 모든 것을 네게 주리라 이에 예수께서 말씀하시되 사탄아 물러가라 기록되었으되 주 너의 하나님께 경배하고 다만 그를 섬기라 하였느니라 이에 마귀는 예수를 떠나고 천사들이 나아와서 수종드니라(마 4:1-11)

시험에 들지 않게 깨어 기도하라 마음에는 원이로되 육신이 약하도다 하시고(마 26:41)

그런즉 선 줄로 생각하는 자는 넘어질까 조심하라 사람이 감당할 시험밖에는 너희가 당한 것이 없나니 오직 하나님은 미쁘사 너희가 감당하지 못할 시험당함을 허락하지 아니하시고 시험당할 즈음에 또한 피할 길을 내사 너희로 능히 감당하게 하시느니라(고전 10:12-13)

남편은 그 아내에 대한 의무를 다하고 아내도 그 남편에게 그렇게 할지라 아내는 자기 몸을 주장하지 못하고 오직 그 남편이 하며 남편도 그와 같이 자기 몸을 주장하지 못하고 오직 그 아내가 하나니 서로 분방하지 말라 다만 기도할 틈을 얻기 위하여 합의상 얼마

동안은 하되 다시 합하라 이는 너희가 절제 못함으로 말미암아 사탄이 너희를 시험하지 못하게 하려 함이라(고전 7:3-5)

시험을 참는 자는 복이 있나니 이는 시련을 견디어 낸 자가 주께서 자기를 사랑하는 자들에게 약속하신 생명의 면류관을 얻을 것이기 때문이라 사람이 시험을 받을 때에 내가 하나님께 시험을 받는다 하지 말지니 하나님은 악에게 시험을 받지도 아니하시고 친히 아무도 시험하지 아니하시느니라 오직 각 사람이 시험을 받는 것은 자기 욕심에 끌려 미혹됨이니 욕심이 잉태한즉 죄를 낳고 죄가 장성한즉 사망을 낳느니라(약 1:12-15)

하나님의 말씀에 대한 사탄의 왜곡/거짓 교리

그러나 성령이 밝히 말씀하시기를 후일에 어떤 사람들이 믿음에서 떠나 미혹하는 영과 귀신의 가르침을 따르리라 하셨으니 자기 양심이 화인을 맞아서 외식함으로 거짓말하는 자들이라(딤전 4:1-2)

그런 사람들은 거짓 사도요 속이는 일꾼이니 자기를 그리스도의 사도로 가장하는 자들이니라 이것은 이상한 일이 아니니라 사탄도 자기를 광명의 천사로 가장하나니 그러므로 사탄의 일꾼들도 자기를 의의 일꾼으로 가장하는 것이 또한 대단한 일이 아니니라 그들의 마지막은 그 행위대로 되리라(고후 11:13-15)

주의 종은 마땅히 다투지 아니하고 모든 사람에 대하여 온유하며 가르치기를 잘하며 참으며 거역하는 자를 온유함으로 훈계할지니 혹 하나님이 그들에게 회개함을 주사 진리를 알게 하실까 하며 그들로 깨어 마귀의 올무에서 벗어나 하나님께 사로잡힌 바 되어 그 뜻을 따르게 하실까 함이라(딤후 2:24-26)

사탄/시련/세상의 염려 등이 말씀을 빼앗아 감

뿌리는 자는 말씀을 뿌리는 것이라 말씀이 길가에 뿌려졌다는 것은 이들을 가리킴이니 곧 말씀을 들었을 때에 사탄이 즉시 와서 그들에게 뿌려진 말씀을 빼앗는 것이요 또 이와 같이 돌밭에 뿌려졌다는 것은 이들을 가리킴이니 곧 말씀을 들을 때에 즉시 기쁨으로 받으나 그 속에 뿌리가 없어 잠깐 견디다가 말씀으로 인하여 환난이나 박해가 일어나는 때에는 곧 넘어지는 자요 또 어떤 이는 가시떨기에 뿌려진 자니 이들은 말씀을 듣기는 하되 세상의 염려와 재물의 유혹과 기타 욕심이 들어와 말씀을 막아 결실하지 못하게 되는 자요 좋은 땅에 뿌려졌다는 것은 곧 말씀을 듣고 받아 삼십 배나 육십 배나 백 배의 결실을 하는 자니라(막 4:14-20)

마르다는 준비하는 일이 많아 마음이 분주한지라 예수께 나아가 이르되 주여 내 동생이 나 혼자 일하게 두는 것을 생각하지 아니하시나이까 그를 명하사 나를 도와주라 하소서 주께서 대답하여 이르시되 마르다야 마르다야 네가 많은 일로 염려하고 근심하나 몇 가지만 하든지 혹은 한 가지만이라도 족하니라 마리아는 이 좋은 편을 택하였으니 빼앗기지 아니하리라 하시니라(눅 10:40-42)

육체의 일과 욕망

육체의 일은 분명하니 곧 음행과 더러운 것과 호색과 우상숭배와 주술과 원수 맺는 것과 분쟁과 시기와 분냄과 당 짓는 것과 분열함과 이단과 투기와 술 취함과 방탕함과 또 그와 같은 것들이라 전에 너희에게 경계한 것같이 경계하노니 이런 일을 하는 자들은 하나님의 나라를 유업으로 받지 못할 것이요(갈 5:19-21)

이 세상이나 세상에 있는 것들을 사랑하지 말라 누구든지 세상을 사랑하면 아버지의 사랑이 그 안에 있지 아니하니 이는 세상에 있는 모든 것이 육신의 정욕과 안목의 정욕과 이생의 자랑이니 다 아버지께로부터 온 것이 아니요 세상으로부터 온 것이라 이 세상도, 그 정욕도 지나가되 오직 하나님의 뜻을 행하는 자는 영원히 거하느니라(요일 2:15-17)

스스로 속이지 말라 하나님은 업신여김을 받지 아니하시나니 사람이 무엇으로 심든지 그대로 거두리라 자기의 육체를 위하여 심는 자는 육체로부터 썩어질 것을 거두고 성령을 위하여 심는 자는 성령으로부터 영생을 거두리라(갈 6:7-8)

들으라 너희 중에 말하기를 오늘이나 내일이나 우리가 어떤 도시에 가서 거기서 일 년을 머물며 장사하여 이익을 보리라 하는 자들아 내일 일을 너희가 알지 못하는도다 너희 생명이 무엇이냐 너희는 잠깐 보이다가 없어지는 안개니라 너희가 도리어 말하기를 주의 뜻이면 우리가 살기도 하고 이것이나 저것을 하리라 할 것이거늘 이제도 너희가 허탄한 자랑을 하니 그러한 자랑은 다 악한 것이라(약 4:13-16)

그러나 자족하는 마음이 있으면 경건은 큰 이익이 되느니라 우리가 세상에 아무것도 가지고 온 것이 없으매 또한 아무것도 가지고 가지 못하리니 우리가 먹을 것과 입을 것이 있은즉 족한 줄로 알 것이니라 부하려 하는 자들은 시험과 올무와 여러 가지 어리석고 해로운 욕심에 떨어지나니 곧 사람으로 파멸과 멸망에 빠지게 하는 것이라 돈을 사랑함이 일만 악의 뿌리가 되나니 이것을 탐내는 자들은 미혹을 받아 믿음에서 떠나 많은 근심으로써 자기를 찔렀도다(딤전 6:6-10)

하나님의 열쇠와 은사에 관한 말씀들

> ### 하나님 나라를 구함

다만 너희는 그의 나라를 구하라 그리하면 이런 것들을 너희에게 더하시리라 적은 무리여 무서워 말라 너희 아버지께서 그 나라를 너희에게 주시기를 기뻐하시느니라 너희 소유를 팔아 구제하여 낡아지지 아니하는 배낭을 만들라 곧 하늘에 둔 바 다함이 없는 보물이니 거기는 도둑도 가까이하는 일이 없고 좀도 먹는 일이 없느니라 너희 보물 있는 곳에는 너희 마음도 있으리라(눅 12:31-34)

> ### 묶고 풀기

또 내가 네게 이르노니 너는 베드로라 내가 이 반석 위에 내 교회를 세우리니 음부의 권세가 이기지 못하리라 내가 천국 열쇠를 네게 주리니 네가 땅에서 무엇이든지 매면 하늘에서도 매일 것이요 네가 땅에서 무엇이든지 풀면 하늘에서도 풀리리라 하시고(마 16:18-19)

진실로 너희에게 이르노니 무엇이든지 너희가 땅에서 매면 하늘에서도 매일 것이요 무엇이든지 땅에서 풀면 하늘에서도 풀리리라 진실로 다시 너희에게 이르노니 너희 중의 두 사람이 땅에서 합심하여 무엇이든지 구하면 하늘에 계신 내 아버지께서 그들을 위하여 이루

게 하시리라 두세 사람이 내 이름으로 모인 곳에는 나도 그들 중에 있느니라(마 18:18-20)

예수님의 권세

주의 성령이 내게 임하셨으니 이는 가난한 자에게 복음을 전하게 하시려고 내게 기름을 부으시고 나를 보내사 포로 된 자에게 자유를, 눈먼 자에게 다시 보게 함을 전파하며 눌린 자를 자유롭게 하고(눅 4:18)

하나님이 나사렛 예수에게 성령과 능력을 기름 붓듯 하셨으매 그가 두루 다니시며 선한 일을 행하시고 마귀에게 눌린 모든 사람을 고치셨으니 이는 하나님이 함께하셨음이라(행 10:38)

예수께서 그의 열두 제자를 부르사 더러운 귀신을 쫓아내며 모든 병과 모든 약한 것을 고치는 권능을 주시니라(마 10:1)

[예수께서] 갈릴리의 가버나움 동네에 내려오사 안식일에 가르치시매 그들이 그 가르치심에 놀라니 이는 그 말씀이 권위가 있음이러라 회당에 더러운 귀신 들린 사람이 있어 크게 소리 질러 이르되 아 나사렛 예수여 우리가 당신과 무슨 상관이 있나이까 우리를 멸하러 왔나이까 나는 당신이 누구인 줄 아노니 하나님의 거룩한 자니이다 예수께서 꾸짖어 이르시되 잠잠하고 그 사람에게서 나오라 하시니 귀신이 그 사람을 무리 중에 넘어뜨리고 나오되 그 사람은 상하지 아니한지라 다 놀라 서로 말하여 이르되 이 어떠한 말씀인고 권위와 능력으로 더러운 귀신을 명하매 나가는도다 하더라(눅 4:31-36)

예수께서 나아와 말씀하여 이르시되 하늘과 땅의 모든 권세를 내게 주셨으니 그러므로 너희는 가서 모든 민족을 제자로 삼아 아버지와 아들과 성령의 이름으로 세례를 베풀고 내가 너희에게 분부한 모든 것을 가르쳐 지키게 하라 볼지어다 내가 세상 끝날까지 너희와 항상 함께 있으리라 하시니라(마 28:18-20)

통치자들과 권세들을 무력화하여 드러내어 구경거리로 삼으시고 십자가로 그들을 이기셨느니라(골 2:15)

이러므로 하나님이 그를 지극히 높여 모든 이름 위에 뛰어난 이름을 주사 하늘에 있는 자들과 땅에 있는 자들과 땅 아래에 있는 자들로 모든 무릎을 예수의 이름에 꿇게 하시고 모든 입으로 예수 그리스도를 주라 시인하여 하나님 아버지께 영광을 돌리게 하셨느니라(빌 2:9-11)

진실로 진실로 너희에게 이르노니 죽은 자들이 하나님의 아들의 음성을 들을 때가 오나니 곧 이때라 듣는 자는 살아나리라 아버지께서 자기 속에 생명이 있음같이 아들에게도 생명을 주어 그 속에 있게 하셨고 또 인자됨으로 말미암아 심판하는 권한을 주셨느니라 이를 놀랍게 여기지 말라 무덤 속에 있는 자가 다 그의 음성을 들을 때가 오나니 선한 일을 행한 자는 생명의 부활로, 악한 일을 행한 자는 심판의 부활로 나오리라(요 5:25-29)

예수님의 이름

칠십 인이 기뻐하며 돌아와 이르되 주여 주의 이름이면 귀신들도 우리에게 항복하더이다 예수께서 이르시되 사탄이 하늘로부터 번개같이 떨어지는 것을 내가 보았노라 내가 너희에게 뱀과 전갈을 밟으며 원수의 모든 능력을 제어할 권능을 주었으니 너희를 해칠 자가 결코 없으리라 그러나 귀신들이 너희에게 항복하는 것으로 기뻐하지 말고 너희 이름이 하늘에 기록된 것으로 기뻐하라 하시니라(눅 10:17-20)

내가 진실로 진실로 너희에게 이르노니 나를 믿는 자는 내가 하는 일을 그도 할 것이요 또한 그보다 큰 일도 하리니 이는 내가 아버지께로 감이라 너희가 내 이름으로 무엇을 구하든지 내가 행하리니 이는 아버지로 하여금 아들로 말미암아 영광을 받으시게 하려 함이라 내 이름으로 무엇이든지 내게 구하면 내가 행하리라(요 14:12-14)

예수께서 제자들 앞에서 이 책에 기록되지 아니한 다른 표적도 많이 행하셨으나 오직 이것을 기록함은 너희로 예수께서 하나님의 아들 그리스도이심을 믿게 하려 함이요 또 너희로 믿고 그 이름을 힘입어 생명을 얻게 하려 함이니라(요 20:30-31)

이에 베드로가 성령이 충만하여 이르되 백성의 관리들과 장로들아 만일 병자에게 행한 착한 일에 대하여 이 사람이 어떻게 구원을 받았느냐고 오늘 우리에게 질문한다면 너희와 모든 이스라엘 백성들은 알라 너희가 십자가에 못 박고 하나님이 죽은 자 가운데서 살리신 나사렛 예수 그리스도의 이름으로 이 사람이 건강하게 되어 너희 앞에 섰느니라 이 예수는 너희 건축자들의 버린 돌로서 집 모퉁이의 머릿돌이 되었느니라 다른 이로써는 구원을 받을 수 없나니 천하 사람 중에 구원을 받을 만한 다른 이름을 우리에게 주신 일이 없음이라 하였더라(행 4:8-12)

우리가 기도하는 곳에 가다가 점치는 귀신 들린 여종 하나를 만나니 점으로 그 주인들에게 큰 이익을 주는 자라 그가 바울과 우리를 따라와 소리 질러 이르되 이 사람들은 지극히 높은 하나님의 종으로서 구원의 길을 너희에게 전하는 자라 하며 이같이 여러 날을 하는지라 바울이 심히 괴로워하여 돌이켜 그 귀신에게 이르되 예수 그리스도의 이름으로 내가 네게 명하노니 그에게서 나오라 하니 귀신이 즉시 나오니라(행 16:16-18)

너희가 나를 택한 것이 아니요 내가 너희를 택하여 세웠나니 이는 너희로 가서 열매를 맺게 하고 또 너희 열매가 항상 있게 하여 내 이름으로 아버지께 무엇을 구하든지 다 받

게 하려 함이라(요 15:16)

믿는 자들에게는 이런 표적이 따르리니 곧 그들이 내 이름으로 귀신을 쫓아내며 새 방언을 말하며 뱀을 집어 올리며 무슨 독을 마실지라도 해를 받지 아니하며 병든 사람에게 손을 얹은즉 나으리라 하시더라(막 16:17-18)

그[예수] 이름을 믿으므로 그 이름이 너희가 보고 아는 이 사람을 성하게 하였나니 예수로 말미암아 난 믿음이 너희 모든 사람 앞에서 이같이 완전히 낫게 하였느니라(행 3:16)

하나님께 순종함

사무엘이 이르되 여호와께서 번제와 다른 제사를 그의 목소리를 청종하는 것을 좋아하심같이 좋아하시겠나이까 순종이 제사보다 낫고 듣는 것이 숫양의 기름보다 나으니(삼상 15:22)

그[예수]가 아들이시면서도 받으신 고난으로 순종함을 배워서 온전하게 되셨은즉 자기에게 순종하는 모든 자에게 영원한 구원의 근원이 되시고(히 5:8-9)

너희가 나를 사랑하면 나의 계명을 지키리라(요 14:15)

그[예수]로 말미암아 우리가 은혜와 사도의 직분을 받아 그의 이름을 위하여 모든 이방인 중에서 믿어 순종하게 하나니(롬 1:5)

너희 자신을 종으로 내주어 누구에게 순종하든지 그 순종함을 받는 자의 종이 되는 줄을 너희가 알지 못하느냐 혹은 죄의 종으로 사망에 이르고 혹은 순종의 종으로 의에 이

르느니라(롬 6:16)

우리의 싸우는 무기는 육신에 속한 것이 아니요 오직 어떤 견고한 진도 무너뜨리는 하나님의 능력이라 모든 이론을 무너뜨리며 하나님 아는 것을 대적하여 높아진 것을 다 무너뜨리고 모든 생각을 사로잡아 그리스도에게 복종하게 하니 너희의 복종이 온전하게 될 때에 모든 복종하지 않는 것을 벌하려고 준비하는 중에 있노라(고후 10:4-6)

긍휼

예수께서 모든 도시와 마을에 두루 다니사 그들의 회당에서 가르치시며 천국 복음을 전파하시며 모든 병과 모든 약한 것을 고치시니라 무리를 보시고 불쌍히 여기시니 이는 그들이 목자 없는 양과 같이 고생하며 기진함이라 이에 제자들에게 이르시되 추수할 것은 많되 일꾼이 적으니(마 9:35-37)

아무에게도 악을 악으로 갚지 말고 모든 사람 앞에서 선한 일을 도모하라 할 수 있거든 너희로서는 모든 사람과 더불어 화목하라 내 사랑하는 자들아 너희가 친히 원수를 갚지 말고 하나님의 진노하심에 맡기라 기록되었으되 원수 갚는 것이 내게 있으니 내가 갚으리라고 주께서 말씀하시니라 네 원수가 주리거든 먹이고 목마르거든 마시게 하라 그리함으로 네가 숯불을 그 머리에 쌓아 놓으리라 악에게 지지 말고 선으로 악을 이기라(롬 12:17-21)

형제들아 사람이 만일 무슨 범죄한 일이 드러나거든 신령한 너희는 온유한 심령으로 그러한 자를 바로잡고 너 자신을 살펴보아 너도 시험을 받을까 두려워하라 너희가 짐을 서로 지라 그리하여 그리스도의 법을 성취하라(갈 6:1-2)

마지막으로 말하노니 너희가 다 마음을 같이하여 동정하며 형제를 사랑하며 불쌍히 여

기며 겸손하며 악을 악으로, 욕을 욕으로 갚지 말고 도리어 복을 빌라 이를 위하여 너희가 부르심을 받았으니 이는 복을 이어받게 하려 하심이라(벧전 3:8-9)

사랑

네 마음을 다하고 목숨을 다하고 뜻을 다하고 힘을 다하여 주 너의 하나님을 사랑하라 하신 것이요 둘째는 이것이니 네 이웃을 네 자신과 같이 사랑하라 하신 것이라 이보다 더 큰 계명이 없느니라(막 12:30-31)

나는 너희에게 이르노니 너희 원수를 사랑하며 너희를 박해하는 자를 위하여 기도하라 이같이 한즉 하늘에 계신 너희 아버지의 아들이 되리니 이는 하나님이 그 해를 악인과 선인에게 비추시며 비를 의로운 자와 불의한 자에게 내려 주심이라 너희가 너희를 사랑하는 자를 사랑하면 무슨 상이 있으리요 세리도 이같이 아니하느냐(마 5:44-46)

그러므로 주 안에서 갇힌 내가 너희를 권하노니 너희가 부르심을 받은 일에 합당하게 행하여 모든 겸손과 온유로 하고 오래 참음으로 사랑 가운데서 서로 용납하고 평안의 매는 줄로 성령이 하나 되게 하신 것을 힘써 지키라(엡 4:1-3)

그러므로 사랑을 받는 자녀같이 너희는 하나님을 본받는 자가 되고 그리스도께서 너희를 사랑하신 것같이 너희도 사랑 가운데서 행하라 그는 우리를 위하여 자신을 버리사 향기로운 제물과 희생제물로 하나님께 드리셨느니라(엡 5:1-2)

서로 돌아보아 사랑과 선행을 격려하며(히 10:24)

겸손의 영

아무 일에든지 다툼이나 허영으로 하지 말고 오직 겸손한 마음으로 각각 자기보다 남을 낫게 여기고 각각 자기 일을 돌볼뿐더러 또한 각각 다른 사람들의 일을 돌보아 나의 기쁨을 충만하게 하라(빌 2:3-4)

오히려 자기를 비워 종의 형체를 가지사 사람들과 같이 되셨고 사람의 모양으로 나타나사 자기를 낮추시고 죽기까지 복종하셨으니 곧 십자가에 죽으심이라 이러므로 하나님이 그를 지극히 높여 모든 이름 위에 뛰어난 이름을 주사(빌 2:7-9)

이르시되 진실로 너희에게 이르노니 너희가 돌이켜 어린아이들과 같이 되지 아니하면 결단코 천국에 들어가지 못하리라 그러므로 누구든지 이 어린아이와 같이 자기를 낮추는 사람이 천국에서 큰 자니라 또 누구든지 내 이름으로 이런 어린아이 하나를 영접하면 곧 나를 영접함이니(마 18:3-5)

젊은 자들아 이와 같이 장로들에게 순종하고 다 서로 겸손으로 허리를 동이라 하나님은 교만한 자를 대적하시되 겸손한 자들에게는 은혜를 주시느니라 그러므로 하나님의 능하신 손 아래에서 겸손하라 때가 되면 너희를 높이시리라 너희 염려를 다 주께 맡기라 이는 그가 너희를 돌보심이라(벧전 5:5-7)

그러나 더욱 큰 은혜를 주시나니 그러므로 일렀으되 하나님이 교만한 자를 물리치시고 겸손한 자에게 은혜를 주신다 하였느니라 그런즉 너희는 하나님께 복종할지어다 마귀를 대적하라 그리하면 너희를 피하리라 하나님을 가까이하라 그리하면 너희를 가까이하시리라 죄인들아 손을 깨끗이 하라 두 마음을 품은 자들아 마음을 성결하게 하라 슬퍼하며

애통하며 울지어다 너희 웃음을 애통으로, 너희 즐거움을 근심으로 바꿀지어다 주 앞에서 낮추라 그리하면 주께서 너희를 높이시리라(약 4:6-10)

영적 분별

사랑하는 자들아 영을 다 믿지 말고 오직 영들이 하나님께 속하였나 분별하라 많은 거짓 선지자가 세상에 나왔음이라 이로써 너희가 하나님의 영을 알지니 곧 예수 그리스도께서 육체로 오신 것을 시인하는 영마다 하나님께 속한 것이요 예수를 시인하지 아니하는 영마다 하나님께 속한 것이 아니니 이것이 곧 적그리스도의 영이니라 오리라 한 말을 너희가 들었거니와 지금 벌써 세상에 있느니라(요일 4:1-3)

그때에 어떤 사람이 너희에게 말하되 보라 그리스도가 여기 있다 보라 저기 있다 하여도 믿지 말라 거짓 그리스도들과 거짓 선지자들이 일어나서 이적과 기사를 행하여 할 수만 있으면 택하신 자들을 미혹하려 하리라(막 13:21-22)

너희는 이 세대를 본받지 말고 오직 마음을 새롭게 함으로 변화를 받아 하나님의 선하시고 기뻐하시고 온전하신 뜻이 무엇인지 분별하도록 하라(롬 12:2)

우리 주 예수 그리스도의 하나님, 영광의 아버지께서 지혜와 계시의 영을 너희에게 주사 하나님을 알게 하시고 너희 마음의 눈을 밝히사 그의 부르심의 소망이 무엇이며 성도 안에서 그 기업의 영광의 풍성함이 무엇이며 그의 힘의 위력으로 역사하심을 따라 믿는 우리에게 베푸신 능력의 지극히 크심이 어떠한 것을 너희로 알게 하시기를 구하노라(엡 1:17-19)

하나님이 말씀하시기를 말세에 내가 내 영을 모든 육체에 부어 주리니 너희의 자녀들은 예언할 것이요 너희의 젊은이들은 환상을 보고 너희의 늙은이들은 꿈을 꾸리라 그 때에 내가 내 영을 내 남종과 여종들에게 부어 주리니 그들이 예언할 것이요(행 2:17-18)

이는 젖을 먹는 자마다 어린아이니 의의 말씀을 경험하지 못한 자요 단단한 음식은 장성한 자의 것이니 그들은 지각을 사용함으로 연단을 받아 선악을 분별하는 자들이니라 (히 5:13-14)

찬양

무릇 시온에서 슬퍼하는 자에게 화관을 주어 그 재를 대신하며 기쁨의 기름으로 그 슬픔을 대신하며 찬송의 옷으로 그 근심을 대신하시고 그들이 의의 나무 곧 여호와께서 심으신 그 영광을 나타낼 자라 일컬음을 받게 하려 하심이라(사 61:3)

그러므로 우리는 예수로 말미암아 항상 찬송의 제사를 하나님께 드리자 이는 그 이름을 증언하는 입술의 열매니라(히 13:15)

그러나 너희는 택하신 족속이요 왕 같은 제사장들이요 거룩한 나라요 그의 소유가 된 백성이니 이는 너희를 어두운 데서 불러내어 그의 기이한 빛에 들어가게 하신 이의 아름다운 덕을 선포하게 하려 하심이라(벧전 2:9)

한밤중에 바울과 실라가 기도하고 하나님을 찬송하매 죄수들이 듣더라 이에 갑자기 큰 지진이 나서 옥터가 움직이고 문이 곧 다 열리며 모든 사람의 매인 것이 다 벗어진지라 간수가 자다가 깨어 옥문들이 열린 것을 보고 죄수들이 도망한 줄 생각하고 칼을 빼어 자결하려 하거늘 바울이 크게 소리 질러 이르되 네 몸을 상하지 말라 우리가 다 여기 있노라 하니 간수가 등불을 달라고 하며 뛰어들어 가 무서워 떨며 바울과 실라 앞에 엎드리고 그들을 데리고 나가 이르되 선생들이여 내가 어떻게 하여야 구원을 받으리이까 하거늘 이르되 주 예수를 믿으라 그리하면 너와 네 집이 구원을 받으리라 하고(행 16:25-31)

끝으로 형제들아 무엇에든지 참되며 무엇에든지 경건하며 무엇에든지 옳으며 무엇에든지 정결하며 무엇에든지 사랑받을 만하며 무엇에든지 칭찬받을 만하며 무슨 덕이 있든지 무슨 기림이 있든지 이것들을 생각하라(빌 4:8)

기도

그러므로 내가 너희에게 말하노니 무엇이든지 기도하고 구하는 것은 받은 줄로 믿으라 그리하면 너희에게 그대로 되리라 서서 기도할 때에 아무에게나 혐의가 있거든 용서하라 그리하여야 하늘에 계신 너희 아버지께서도 너희 허물을 사하여 주시리라 하시니라 (막 11:24-25)

예수께서 이르시되 너희는 기도할 때에 이렇게 하라 아버지여 이름이 거룩히 여김을 받으시오며 나라가 임하시오며 우리에게 날마다 일용할 양식을 주시옵고 우리가 우리에게 죄 지은 모든 사람을 용서하오니 우리 죄도 사하여 주시옵고 우리를 시험에 들게 하지 마시옵소서 하라(눅 11:2-4)

시험에 들지 않게 깨어 있어 기도하라 마음에는 원이로되 육신이 약하도다 하시고(막 14:38)

예수께서 무리가 달려와 모이는 것을 보시고 그 더러운 귀신을 꾸짖어 이르시되 말 못하고 못 듣는 귀신아 내가 네게 명하노니 그 아이에게서 나오고 다시 들어가지 말라 하시매 귀신이 소리 지르며 아이로 심히 경련을 일으키게 하고 나가니 그 아이가 죽은 것같이 되어 많은 사람이 말하기를 죽었다 하나 예수께서 그 손을 잡아 일으키시니 이에 일어서니라 집에 들어가시매 제자들이 조용히 묻자오되 우리는 어찌하여 능히 그 귀신을 쫓아내지 못하였나이까 이르시되 기도 외에 다른 것으로는 이런 종류가 나갈 수 없느니라 하시니라(막 9:25-29)

그러므로 너희 죄를 서로 고백하며 병이 낫기를 위하여 서로 기도하라 의인의 간구는 역사하는 힘이 큼이니라(약 5:16)

항상 기뻐하라 쉬지 말고 기도하라 범사에 감사하라 이것이 그리스도 예수 안에서 너희를 향하신 하나님의 뜻이니라(살전 5:16-18)

이와 같이 성령도 우리의 연약함을 도우시나니 우리는 마땅히 기도할 바를 알지 못하나 오직 성령이 말할 수 없는 탄식으로 우리를 위하여 친히 간구하시느니라 마음을 살피시는 이가 성령의 생각을 아시나니 이는 성령이 하나님의 뜻대로 성도를 위하여 간구하심이니라(롬 8:26-27)

모든 기도와 간구를 하되 항상 성령 안에서 기도하고 이를 위하여 깨어 구하기를 항상 힘쓰며 여러 성도를 위하여 구하라(엡 6:18)

만물의 마지막이 가까이 왔으니 그러므로 너희는 정신을 차리고 근신하여 기도하라(벧전 4:7)

아무것도 염려하지 말고 다만 모든 일에 기도와 간구로, 너희 구할 것을 감사함으로 하나님께 아뢰라 그리하면 모든 지각에 뛰어난 하나님의 평강이 그리스도 예수 안에서 너희 마음과 생각을 지키시리라(빌 4:6-7)

그러므로 내가 첫째로 권하노니 모든 사람을 위하여 간구와 기도와 도고와 감사를 하되 임금들과 높은 지위에 있는 모든 사람을 위하여 하라 이는 우리가 모든 경건과 단정함으로 고요하고 평안한 생활을 하려 함이라(딤전 2:1-2)

예수께서 그들에게 항상 기도하고 낙심하지 말아야 할 것을 비유로 말씀하여(눅 18:1)

의

나는 여호와 너희의 하나님이라 내가 거룩하니 너희도 몸을 구별하여 거룩하게 하고 땅에 기는 길짐승으로 말미암아 스스로 더럽히지 말라(레 11:44)

하나님이 죄를 알지도 못하신 이를 우리를 대신하여 죄로 삼으신 것은 우리로 하여금 그 안에서 하나님의 의가 되게 하려 하심이라(고후 5:21)

한 사람의 범죄로 말미암아 사망이 그 한 사람을 통하여 왕 노릇 하였은즉 더욱 은혜와 의의 선물을 넘치게 받는 자들은 한 분 예수 그리스도를 통하여 생명 안에서 왕 노릇 하리로다(롬 5:17)

누구든지 스스로 경건하다 생각하며 자기 혀를 재갈 물리지 아니하고 자기 마음을 속이면 이 사람의 경건은 헛것이라 하나님 아버지 앞에서 정결하고 더러움이 없는 경건은 곧 고아와 과부를 그 환난 중에 돌보고 또 자기를 지켜 세속에 물들지 아니하는 그것이니라(약 1:26-27)

하나님께로부터 난 자는 다 범죄하지 아니하는 줄을 우리가 아노라 하나님께로부터 나신 자가 그를 지키시매 악한 자가 그를 만지지도 못하느니라 또 아는 것은 우리는 하나

님께 속하고 온 세상은 악한 자 안에 처한 것이며 또 아는 것은 하나님의 아들이 이르러 우리에게 지각을 주사 우리로 참된 자를 알게 하신 것과 또한 우리가 참된 자 곧 그의 아들 예수 그리스도 안에 있는 것이니 그는 참 하나님이시요 영생이시라(요일 5:18-20)

너희는 유혹의 욕심을 따라 썩어져 가는 구습을 따르는 옛 사람을 벗어 버리고 오직 너희의 심령이 새롭게 되어 하나님을 따라 의와 진리의 거룩함으로 지으심을 받은 새 사람을 입으라 그런즉 거짓을 버리고 각각 그 이웃과 더불어 참된 것을 말하라 이는 우리가 서로 지체가 됨이라 분을 내어도 죄를 짓지 말며 해가 지도록 분을 품지 말고 마귀에게 틈을 주지 말라(엡 4:22-27)

또 우리 육신의 아버지가 우리를 징계하여도 공경하였거든 하물며 모든 영의 아버지께 더욱 복종하며 살려 하지 않겠느냐 그들은 잠시 자기의 뜻대로 우리를 징계하였거니와 오직 하나님은 우리의 유익을 위하여 그의 거룩하심에 참여하게 하시느니라 무릇 징계가 당시에는 즐거워 보이지 않고 슬퍼 보이나 후에 그로 말미암아 연단 받은 자들은 의와 평강의 열매를 맺느니라(히 12:9-11)

그러므로 너희는 죄가 너희 죽을 몸을 지배하지 못하게 하여 몸의 사욕에 순종하지 말고 또한 너희 지체를 불의의 무기로 죄에게 내주지 말고 오직 너희 자신을 죽은 자 가운데서 다시 살아난 자같이 하나님께 드리며 너희 지체를 의의 무기로 하나님께 드리라 죄가 너희를 주장하지 못하리니 이는 너희가 법 아래에 있지 아니하고 은혜 아래에 있음이라(롬 6:12-14)

하나님의 말씀

이 율법책을 네 입에서 떠나지 말게 하며 주야로 그것을 묵상하여 그 안에 기록된 대로

다 지켜 행하라 그리하면 네 길이 평탄하게 될 것이며 네가 형통하리라(수 1:8)

내 백성이 지식이 없으므로 망하는도다 네가 지식을 버렸으니 나도 너를 버려 내 제사장이 되지 못하게 할 것이요 네가 네 하나님의 율법을 잊었으니 나도 네 자녀들을 잊어버리리라(호 4:6)

모든 성경은 하나님의 감동으로 된 것으로 교훈과 책망과 바르게 함과 의로 교육하기에 유익하니 이는 하나님의 사람으로 온전하게 하며 모든 선한 일을 행할 능력을 갖추게 하려 함이라(딤후 3:16-17)

그러므로 모든 더러운 것과 넘치는 악을 내버리고 너희 영혼을 능히 구원할 바 마음에 심어진 말씀을 온유함으로 받으라 너희는 말씀을 행하는 자가 되고 듣기만 하여 자신을 속이는 자가 되지 말라 누구든지 말씀을 듣고 행하지 아니하면 그는 거울로 자기의 생긴 얼굴을 보는 사람과 같아서 제 자신을 보고 가서 그 모습이 어떠했는지를 곧 잊어버리거니와 자유롭게 하는 온전한 율법을 들여다보고 있는 자는 듣고 잊어버리는 자가 아니요 실천하는 자니 이 사람은 그 행하는 일에 복을 받으리라(약 1:21-25)

이러므로 우리가 하나님께 끊임없이 감사함은 너희가 우리에게 들은 바 하나님의 말씀을 받을 때에 사람의 말로 받지 아니하고 하나님의 말씀으로 받음이니 진실로 그러하도다 이 말씀이 또한 너희 믿는 자 가운데에서 역사하느니라(살전 2:13)

믿음

믿음은 바라는 것들의 실상이요 보이지 않는 것들의 증거니(히 11:1)

무릇 하나님께로부터 난 자마다 세상을 이기느니라 세상을 이기는 승리는 이것이니 우리의 믿음이니라 예수께서 하나님의 아들이심을 믿는 자가 아니면 세상을 이기는 자가 누구냐(요일 5:4-5)

너희는 믿음을 굳건하게 하여 그를 대적하라 이는 세상에 있는 너희 형제들도 동일한 고난을 당하는 줄을 앎이라 모든 은혜의 하나님 곧 그리스도 안에서 너희를 부르사 자기의 영원한 영광에 들어가게 하신 이가 잠깐 고난을 당한 너희를 친히 온전하게 하시며 굳건하게 하시며 강하게 하시며 터를 견고하게 하시리라 권능이 세세무궁하도록 그에게 있을지어다 아멘(벧전 5:9-11)

믿음이 없이는 하나님을 기쁘시게 하지 못하나니 하나님께 나아가는 자는 반드시 그가 계신 것과 또한 그가 자기를 찾는 자들에게 상 주시는 이심을 믿어야 할지니라(히 11:6)

그러므로 믿음은 들음에서 나며 들음은 그리스도의 말씀으로 말미암았느니라(롬 10:17)

그들과 같이 우리도 복음 전함을 받은 자이나 들은 바 그 말씀이 그들에게 유익하지 못한 것은 듣는 자가 믿음과 결부시키지 아니함이라(히 4:2)

하나님의 불

그가 임하시는 날을 누가 능히 당하며 그가 나타나는 때에 누가 능히 서리요 그는 금을 연단하는 자의 불과 표백하는 자의 잿물과 같을 것이라 그가 은을 연단하여 깨끗하게 하는 자같이 앉아서 레위 자손을 깨끗하게 하되 금, 은같이 그들을 연단하리니 그들이 공의로운 제물을 나 여호와께 바칠 것이라(말 3:2-3)

또 너희가 악인을 밟을 것이니 그들이 내가 정한 날에 너희 발바닥 밑에 재와 같으리라 만군의 여호와의 말이니라(말 4:3)

바람을 자기 사신으로 삼으시고 불꽃으로 자기 사역자를 삼으시며(시 104:4)

요한이 모든 사람에게 대답하여 이르되 나는 물로 너희에게 세례를 베풀거니와 나보다 능력이 많으신 이가 오시나니 나는 그의 신발끈을 풀기도 감당하지 못하겠노라 그는 성령과 불로 너희에게 세례를 베푸실 것이요(눅 3:16)

오순절 날이 이미 이르매 그들이 다같이 한곳에 모였더니 홀연히 하늘로부터 급하고 강한 바람 같은 소리가 있어 그들이 앉은 온 집에 가득하며 마치 불의 혀처럼 갈라지는 것들이 그들에게 보여 각 사람 위에 하나씩 임하여 있더니 그들이 다 성령의 충만함을 받고 성령이 말하게 하심을 따라 다른 언어들로 말하기를 시작하니라(행 2:1-4)

천 년이 차매 사탄이 그 옥에서 놓여 나와서 땅의 사방 백성 곧 곡과 마곡을 미혹하고 모아 싸움을 붙이리니 그 수가 바다의 모래 같으리라 그들이 지면에 널리 퍼져 성도들의 진과 사랑하시는 성을 두르매 하늘에서 불이 내려와 그들을 태워 버리고 또 그들을 미혹하는 마귀가 불과 유황 못에 던져지니 거기는 그 짐승과 거짓 선지자도 있어 세세토록 밤낮 괴로움을 받으리라(계 20:7-10)

성령의 은사

그가 내게 대답하여 이르되 여호와께서 스룹바벨에게 하신 말씀이 이러하니라 만군의 여호와께서 말씀하시되 이는 힘으로 되지 아니하며 능력으로 되지 아니하고 오직 나의 영으로 되느니라(슥 4:6)

그 후에 내가 내 영을 만민에게 부어 주리니 너희 자녀들이 장래 일을 말할 것이며 너희 늙은이는 꿈을 꾸며 너희 젊은이는 이상을 볼 것이며 그때에 내가 또 내 영을 남종과 여종에게 부어 줄 것이며(욜 2:28-29)

우리에게 주신 은혜대로 받은 은사가 각각 다르니 혹 예언이면 믿음의 분수대로, 혹 섬기는 일이면 섬기는 일로, 혹 가르치는 자면 가르치는 일로, 혹 위로하는 자면 위로하는 일로, 구제하는 자는 성실함으로, 다스리는 자는 부지런함으로, 긍휼을 베푸는 자는 즐거움으로 할 것이니라(롬 12:6-8)

은사는 여러 가지나 성령은 같고 직분은 여러 가지나 주는 같으며 또 사역은 여러 가지나 모든 것을 모든 사람 가운데서 이루시는 하나님은 같으니 각 사람에게 성령을 나타내심은 유익하게 하려 하심이라 어떤 사람에게는 성령으로 말미암아 지혜의 말씀을, 어떤 사람에게는 같은 성령을 따라 지식의 말씀을, 다른 사람에게는 같은 성령으로 믿음을, 어떤 사람에게는 한 성령으로 병 고치는 은사를, 어떤 사람에게는 능력 행함을, 어떤 사람에게는 예언함을, 어떤 사람에게는 영들 분별함을, 다른 사람에게는 각종 방언 말함을, 어떤 사람에게는 방언들 통역함을 주시나니 이 모든 일은 같은 한 성령이 행하사 그의 뜻대로 각 사람에게 나누어 주시는 것이니라(고전 12:4-11)

그가 어떤 사람은 사도로, 어떤 사람은 선지자로, 어떤 사람은 복음 전하는 자로, 어떤 사람은 목사와 교사로 삼으셨으니 이는 성도를 온전하게 하여 봉사의 일을 하게 하며 그리스도의 몸을 세우려 하심이라(엡 4:11-12)

네 속에 있는 은사 곧 장로의 회에서 안수 받을 때에 예언을 통하여 받은 것을 가볍게 여기지 말며(딤전 4:14)

관련성구: 하나님의 전신갑주

끝으로 너희가 주 안에서와 그 힘의 능력으로 강건하여지고 마귀의 간계를 능히 대적하기 위하여 하나님의 전신 갑주를 입으라 우리의 씨름은 혈과 육을 상대하는 것이 아니요 통치자들과 권세들과 이 어둠의 세상 주관자들과 하늘에 있는 악의 영들을 상대함이라 그러므로 하나님의 전신 갑주를 취하라 이는 악한 날에 너희가 능히 대적하고 모든 일을 행한 후에 서기 위함이라 그런즉 서서 진리로 너희 허리띠를 띠고 의의 호심경을 붙이고 평안의 복음이 준비한 것으로 신을 신고 모든 것 위에 믿음의 방패를 가지고 이로써 능히 악한 자의 모든 불화살을 소멸하고 구원의 투구와 성령의 검 곧 하나님의 말씀을 가지라 모든 기도와 간구를 하되 항상 성령 안에서 기도하고 이를 위하여 깨어 구하기를 항상 힘쓰며 여러 성도를 위하여 구하라(엡 6:10-18)

우리는 낮에 속하였으니 정신을 차리고 믿음과 사랑의 호심경을 붙이고 구원의 소망의 투구를 쓰자(살전 5:8)

성령의 열매

오직 성령의 열매는 사랑과 희락과 화평과 오래 참음과 자비와 양선과 충성과 온유와 절제니 이 같은 것을 금지할 법이 없느니라(갈 5:22-23)

그들의 열매로 그들을 알지니 가시나무에서 포도를, 또는 엉겅퀴에서 무화과를 따겠느냐 이와 같이 좋은 나무마다 아름다운 열매를 맺고 못된 나무가 나쁜 열매를 맺나니 좋은 나무가 나쁜 열매를 맺을 수 없고 못된 나무가 아름다운 열매를 맺을 수 없느니라 아름다운 열매를 맺지 아니하는 나무마다 찍혀 불에 던져지느니라 이러므로 그들의 열매로 그들을 알리라(마 7:16-20)

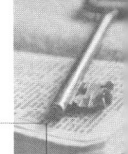

너희가 전에는 어둠이더니 이제는 주 안에서 빛이라 빛의 자녀들처럼 행하라 빛의 열매는 모든 착함과 의로움과 진실함에 있느니라 주를 기쁘시게 할 것이 무엇인가 시험하여 보라 너희는 열매 없는 어둠의 일에 참여하지 말고 도리어 책망하라(엡 5:8-11)

내가 기도하노라 너희 사랑을 지식과 모든 총명으로 점점 더 풍성하게 하사 너희로 지극히 선한 것을 분별하며 또 진실하여 허물 없이 그리스도의 날까지 이르고 예수 그리스도로 말미암아 의의 열매가 가득하여 하나님의 영광과 찬송이 되기를 원하노라(빌 1:9-11)

예수님의 보혈

또 잔을 가지사 감사 기도하시고 그들에게 주시며 이르시되 너희가 다 이것을 마시라 이것은 죄 사함을 얻게 하려고 많은 사람을 위하여 흘리는 바 나의 피 곧 언약의 피니라 (마 26:27-28)

그가 우리를 흑암의 권세에서 건져 내사 그의 사랑의 아들의 나라로 옮기셨으니 그 아들 안에서 우리가 속량 곧 죄 사함을 얻었도다(골 1:13-14)

하물며 영원하신 성령으로 말미암아 흠 없는 자기를 하나님께 드린 그리스도의 피가 어찌 너희 양심을 죽은 행실에서 깨끗하게 하고 살아 계신 하나님을 섬기게 하지 못하겠느냐(히 9:14)

또 우리 형제들이 어린 양의 피와 자기들이 증언하는 말씀으로써 그를 이겼으니 그들은 죽기까지 자기들의 생명을 아끼지 아니하였도다(계 12:11)

또 내가 하늘이 열린 것을 보라 보라 백마와 그것을 탄 자가 있으니 그 이름은 충신과 진

실이라 그가 공의로 심판하며 싸우더라 그 눈은 불꽃 같고 그 머리에는 많은 관들이 있고 또 이름 쓴 것 하나가 있으니 자기밖에 아는 자가 없고 또 그가 피 뿌린 옷을 입었는데 그 이름은 하나님의 말씀이라 칭하더라 하늘에 있는 군대들이 희고 깨끗한 세마포 옷을 입고 백마를 타고 그를 따르더라(계 19:11-14)

구원과 우리를 지키시는 예수님의 권세에 대한 말씀들

구원

사람이 많음이여, 심판의 골짜기에 사람이 많음이여, 심판의 골짜기에 여호와의 날이 가까움이로다(욜 3:14)

너희는 여호와를 만날 만한 때에 찾으라 가까이 계실 때에 그를 부르라 악인은 그의 길을, 불의한 자는 그의 생각을 버리고 여호와께로 돌아오라 그리하면 그가 긍휼히 여기시리라 우리 하나님께로 돌아오라 그가 너그럽게 용서하시리라(사 55:6-7)

하나님이 세상을 이처럼 사랑하사 독생자를 주셨으니 이는 그를 믿는 자마다 멸망하지 않고 영생을 얻게 하려 하심이라 하나님이 그 아들을 세상에 보내신 것은 세상을 심판하려 하심이 아니요 그로 말미암아 세상이 구원을 받게 하려 하심이라 그를 믿는 자는 심판을 받지 아니하는 것이요 믿지 아니하는 자는 하나님의 독생자의 이름을 믿지 아니하므로 벌써 심판을 받은 것이니라(요 3:16-18)

주의 약속은 어떤 이들이 더디다고 생각하는 것같이 더딘 것이 아니라 오직 주께서는 너희를 대하여 오래 참으사 아무도 멸망하지 아니하고 다 회개하기에 이르기를 원하시느니라(벧후 3:9)

네가 만일 네 입으로 예수를 주로 시인하며 또 하나님께서 그를 죽은 자 가운데서 살리신 것을 네 마음에 믿으면 구원을 받으리라 사람이 마음으로 믿어 의에 이르고 입으로 시인하여 구원에 이르느니라(롬 10:9-10)

만일 우리가 죄가 없다고 말하면 스스로 속이고 또 진리가 우리 속에 있지 아니할 것이요 만일 우리가 우리 죄를 자백하면 그는 미쁘시고 의로우사 우리 죄를 사하시며 우리를 모든 불의에서 깨끗하게 하실 것이요(요일 1:8-9)

그는 허물과 죄로 죽었던 너희를 살리셨도다 그때에 너희는 그 가운데서 행하여 이 세상 풍조를 따르고 공중의 권세 잡은 자를 따랐으니 곧 지금 불순종의 아들들 가운데서 역사하는 영이라 전에는 우리도 다 그 가운데서 우리 육체의 욕심을 따라 지내며 육체와 마음의 원하는 것을 하여 다른 이들과 같이 본질상 진노의 자녀이었더니 긍휼이 풍성하신 하나님이 우리를 사랑하신 그 큰 사랑을 인하여 허물로 죽은 우리를 그리스도와 함께 살리셨고 (너희는 은혜로 구원을 받은 것이라) 또 함께 일으키사 그리스도 예수 안에서 함께 하늘에 앉히시니 이는 그리스도 예수 안에서 우리에게 자비하심으로써 그 은혜의 지극히 풍성함을 오는 여러 세대에 나타내려 하심이라 너희는 그 은혜에 의하여 믿음으로 말미암아 구원을 받았으니 이것은 너희에게서 난 것이 아니요 하나님의 선물이라 행위에서 난 것이 아니니 이는 누구든지 자랑하지 못하게 함이라 우리는 그가 만드신 바라 그리스도 예수 안에서 선한 일을 위하여 지으심을 받은 자니 이 일은 하나님이 전에 예비하사 우리로 그 가운데서 행하게 하려 하심이니라(엡 2:1-10)

우리를 지키시는 예수님의 권능

내가 너희에게 분부한 모든 것을 가르쳐 지키게 하라 볼지어다 내가 세상 끝날까지 너희와 항상 함께 있으리라 하시니라(마 28:20)

평안을 너희에게 끼치노니 곧 나의 평안을 너희에게 주노라 내가 너희에게 주는 것은 세상이 주는 것과 같지 아니하니라 너희는 마음에 근심하지도 말고 두려워하지도 말라(요 14:27)

나의 자녀들아 내가 이것을 너희에게 씀은 너희로 죄를 범하지 않게 하려 함이라 만일 누가 죄를 범하여도 아버지 앞에서 우리에게 대언자가 있으니 곧 의로우신 예수 그리스도시라 그는 우리 죄를 위한 화목제물이니 우리만 위할 뿐 아니요 온 세상의 죄를 위하심이라(요일 2:1-2)

평강의 하나님이 친히 너희를 온전히 거룩하게 하시고 또 너희의 온 영과 혼과 몸이 우리 주 예수 그리스도께서 강림하실 때에 흠 없게 보전되기를 원하노라 너희를 부르시는 이는 미쁘시니 그가 또한 이루시리라(살전 5:23-24)

그가 시험을 받아 고난을 당하셨은즉 시험 받는 자들을 능히 도우실 수 있느니라(히 2:18)

누가 우리를 그리스도의 사랑에서 끊으리요 환난이나 곤고나 박해나 기근이나 적신이나 위험이나 칼이랴 기록된 바 우리가 종일 주를 위하여 죽임을 당하게 되며 도살당할 양같이 여김을 받았나이다 함과 같으니라 그러나 이 모든 일에 우리를 사랑하시는 이로 말미암아 우리가 넉넉히 이기느니라 내가 확신하노니 사망이나 생명이나 천사들이나 권세자들이나 현재 일이나 장래 일이나 능력이나 높음이나 깊음이나 다른 어떤 피조물이라도 우리를 우리 주 그리스도 예수 안에 있는 하나님의 사랑에서 끊을 수 없으리라(롬 8:35-39)

주는 미쁘사 너희를 굳건하게 하시고 악한 자에게서 지키시리라(살후 3:3)

그러므로 우리에게 큰 대제사장이 계시니 승천하신 이 곧 하나님의 아들 예수시라 우리

가 믿는 도리를 굳게 잡을지어다 우리에게 있는 대제사장은 우리의 연약함을 동정하지 못하실 이가 아니요 모든 일에 우리와 똑같이 시험을 받으신 이로되 죄는 없으시니라 그러므로 우리는 긍휼하심을 받고 때를 따라 돕는 은혜를 얻기 위하여 은혜의 보좌 앞에 담대히 나아갈 것이니라(히 4:14-16)

자녀들아 너희는 하나님께 속하였고 또 그들을 이기었나니 이는 너희 안에 계신 이가 세상에 있는 자보다 크심이라(요일 4:4)

능히 너희를 보호하사 거침이 없게 하시고 너희로 그 영광 앞에 흠이 없이 기쁨으로 서게 하실 이(유 1:24)